築苑·水承扬韵
——运河与扬州非遗拾趣

012

宋桂杰 陈星 著

中国建材工业出版社

图书在版编目(CIP)数据

水承扬韵：运河与扬州非遗拾趣 /宋桂杰，陈星著. -- 北京：中国建材工业出版社，2019.9
（筑苑）
ISBN 978-7-5160-2485-0

Ⅰ.①水… Ⅱ.①宋… ②陈… Ⅲ.①非物质文化遗产－介绍－扬州 Ⅳ.①G127.533

中国版本图书馆 CIP 数据核字（2018）第 290564 号

水承扬韵——运河与扬州非遗拾趣
Shuicheng Yangyun——Yunhe yu Yangzhou Feiyi Shiqu
宋桂杰　陈　星　著

出版发行：中国建材工业出版社
地　　址：北京市海淀区三里河路1号
邮政编码：100044
经　　销：全国各地新华书店
印　　刷：北京中科印刷有限公司
开　　本：710mm×1000mm　1/16
印　　张：14
字　　数：180千字
版　　次：2019年9月第1版
印　　次：2019年9月第1次
定　　价：68.80元

本社网址：www.jccbs.com　微信公众号：zgjcgycbs
请选用正版图书，采购、销售盗版图书属违法行为
版权专有，盗版必究。本社法律顾问：北京天驰君泰律师事务所，张杰律师
举报信箱：zhangjie@tiantailaw.com　举报电话：(010) 68343948
本书如有印装质量问题，由我社市场营销部负责调换，联系电话：(010) 88386906

以心作苑 天人筑闲

筑苑丛书雅存 丁酉端午

孟兆祯

孟兆祯先生题字
中国工程院院士、北京林业大学教授

文以載道
傳承創新

丁酉仲夏
謝辰生題
時年九十又六

谢辰生先生题字
国家文物局顾问

筑苑·水承扬韵

主办单位
中国建材工业出版社
中国民族建筑研究会民居建筑专业委员会
扬州意匠轩园林古建筑营造股份有限公司

顾问总编
孟兆祯　陆元鼎　刘叙杰

特邀顾问
孙大章　路秉杰　单德启　姚　兵　刘秀晨　张　柏

编委会主任
陆　琦

编委会副主任
梁宝富　佟令玫

编委（按姓氏笔画排序）
马扎·索南周扎　王乃海　王吉骞　王向荣　王　军　王劲韬　王罗进
王　路　龙　彬　卢永忠　朱宇晖　刘庭风　刘　斌　关瑞明　苏　锰
李　卫　李寿仁　李　浈　李晓峰　吴世雄　宋桂杰　张玉坤　陆　琦
陆文祥　陈　薇　杨大禹　范霄鹏　罗德胤　周立军　荀　建　姚　慧
秦建明　袁思聪　徐怡芳　唐孝祥　曹　华　崔文军　商自福　梁宝富
端木岐　戴志坚

本卷著者
宋桂杰　陈　星

策划编辑
章　曲　李春荣　张晓江

本卷责任编辑
李春荣

版式设计
汇彩设计

投稿邮箱：nevisland@163.com
联系电话：010-88376510
传　　真：010-68343948

筑苑微信公众号

中国建材工业出版社
《筑苑》理事单位

副理事长单位
扬州意匠轩园林古建筑营造股份有限公司
广州市园林建筑工程公司
常熟古建园林股份有限公司
杭州市园林绿化股份有限公司
青海明轮藏建建筑设计有限公司
武汉农尚环境股份有限公司
山西华夏营造建筑有限公司
《中国花卉报》社

常务理事单位
宁波市园林工程有限公司
汇绿生态科技集团股份有限公司
湖州中恒园林建设有限公司
江苏省华建建设股份有限公司
江阴市建筑新技术工程有限公司
江西省金庐园林工程有限责任公司
中国园林博物馆
陕西省文化遗产研究院
浙江天姿园林建设有限公司
浙江睿高新材料股份有限公司
北京中农富通城乡规划设计研究院
杭州金星铜工程有限公司
天堂鸟建设集团有限公司
江西绿巨人生态环境股份有限公司

序言

有幸在面世之先，拜读了由中国建材工业出版社出版的一本好书《水承扬韵——运河与扬州非遗拾趣》，不揣浅薄，提笔作序。

提倡读书，是民族文化自信的体现。古有"开卷有益"之说，今有"书籍是人类进步阶梯"之言，言之凿凿。想起了中外先哲的三句名言：

一曰"美是到处都有的，美在于发现"。中国台湾学者龙应台说的好，发现美就是"你把看不见的看见了"。诚如作者本书所陈，从阳春白雪的叠石盆栽到下里巴人的扬州"三把刀"；从《园冶》到草席，几乎处处浸透着"真、善、美"。扬州之美，是在人们不经意之间，悠然而至。

二曰"任何历史都是当代人的历史"。本书诠释这句名言，很是到位。您看正文八篇共三十四章文字，皆有"起，承，转，合"。从祖先始，到当代人止，世世代代的继承，世世代代的增补添加。本人曾对弟子解读何言"任何历史都是当代人的历史"？一曰，当代人比历代祖先发掘的信息都更齐备，观察的视野更开阔。二曰，当代人更知晓历史的信息更如何为当代人所享受。三曰，当代人有更强大的力量来延续历史。不是吗？

三曰"海纳百川，有容乃大"。扬州在历史上并非没有曲折，没有损伤，比如史上的"屠城十日"。但是，仰占天时、地利、人和，扬州是越来越兴旺，越来越发达。仅举"水波扬兴"论之，扬州除占大运河之利，更兼长江之益；"故人西辞黄鹤楼，烟花三月下扬州"，扬州之势，几达荆州；再举陆上之往来，不胜枚举，比如"扬州八怪"，讲的是画坛，徽州人就有"三怪"：罗聘、汪士慎和高翔，徽剧经扬州进京，终成京剧；又比如扬州的"雕版"和"铁画"，与徽州三雕、芜湖铁画没有交集？扬州著名的"个园"与苏州园林，总有信息相通，就连扬州的"瘦西湖"，是精致小巧的西湖也，扬州人的精明和智慧，俯拾皆是。

《水承扬韵——运河与扬州非遗拾趣》还有一些特色，比如它图文并茂，插图多多，至为精美，宛如风俗画，颇有地方特色。还有备注的编排，非物质文化遗产名录的收入，种种细微之处，值得赞许！

最后，本书读后忽然有句话涌上心头："尽信书不如无书"，何意？！我想，无非是提醒写书的人和读书的人：书读过了，应该不要忽视那些读书过程中的"困惑"；比如，扬州的生态、形态和情态是怎么辩证统一的？名城还要发展传承，它的"原真性"和"整体性"怎么办？扬州将来怎么处理和包容当代和未来的"时尚"，怎么处理"经典"和"时尚"的关系？等等。但，无论如何：

我爱扬州。

清华大学建筑学院教授，《筑苑》丛书特邀顾问

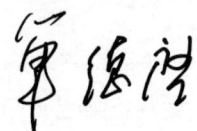

自序

古九州之一的扬州城，古曾称广陵、江都、维扬。因"州界多水，水扬波"而名，据《左传》载："哀公九年（公元前486年），秋，吴城邗，沟通江淮。"作为大运河的发轫地，扬州的兴衰与运河密不可分。

古诗有云，"烟花三月下扬州"。历史上扬州的繁盛，不仅仅表现在其流传千古的名篇佳作，还有那些老字号、老技艺、老故事。它们见证了扬州历史名城的丰富文化底蕴，成为扬州运河文化鲜明的标识。运河造就了扬州昔日的繁华，也为扬州孕育了丰富灿烂的运河文化，它们生生不息，世代相传。由运河商贸、文化交流、技艺传播发展而形成扬州丰富的非物质文化遗产，包括扬州雕版印刷技艺、扬州漆器髹饰技艺、扬州玉雕、扬州评话、扬州弹词、扬剧等，共同构成了扬州运河文化的精髓，这些非物质文化遗产也承载着扬州的文化基因和城市记忆。踏入扬州城，您可以漫步古色古香的东关街、南河下、湾子街、仁丰里四大历史文化街区；驻足大运河文化遗产的私家园林个园、精巧秀丽的晚清第一名园何园；聆听自成流派的弹词、独树一帜的扬剧；体验闻名中外的扬州"三把刀"；惊叹距今已有两千四百多年历史的扬州髹饰漆器工艺；学习线条清秀流畅、构图精巧雅致的扬州剪纸技法；游逛位于扬州东圈门老街的曾荣获巴拿马万博会银奖而成为世界品牌的"谢馥春"化妆品店；品尝清晨富春茶社、冶春、共和春的扬州包子；体验傍晚"涤旧俗以操身，濯清泉而浴德"的扬州沐浴文化，感受扬州人"早上皮包水，晚上水包皮"的生活状态；探访清末明初因雕版印刷刻工精整而被称为"杭集扬帮"的杭集镇……

运河的开凿与疏浚成就了扬州曾经的辉煌，交通方式的改变也曾让我们淡忘了这条承载扬州历史的沧桑之河。如今的扬州正在积极打造独具魅力的世界运河文化旅游名城，2019年也恰逢中国大运河申遗成功五周年，本书在梳理大运河相关的具有地域文化特色的非遗代表性项目的基础上，通过韵·秀、韵·文、韵·味、韵·容、韵·戏、韵·美、韵·俗、韵·风、韵·技等九个章节，以 36 个小故事展开，将故事缘起、故事承续、故事转折、故事结束的"起承转合"等四个部分串联起来，并以图文并茂的展现方式，描述以运河文化为背景的扬州非物质文化遗产，以期借《筑苑》平台宣传运河文化，讲讲扬州故事。

扬州大学文化遗产研究中心

目 录

一 韵·秀——花鸟鱼虫 … 1

    1.1 园冶冶园 … 1
    1.2 宛若天成 … 7
    1.3 七窍玲珑 … 14

二 韵·文——琴棋书画 … 19

    2.1 余音袅袅 … 19
    2.2 银钩铁画 … 23
    2.3 出画入画 … 28
    2.4 妙笔生花 … 33

三 韵·味——回味无穷 … 37

    3.1 淮扬名馔 … 37
    3.2 圈皮包水 … 45
    3.3 咸甜适中 … 53
    3.4 炊金馔玉 … 57

四 韵·容——风华绝代 … 63

    4.1 红颜娇女 … 63

	4.2 淡扫蛾眉	69

五 韵·戏——生旦净丑 73

	5.1 惟妙惟肖	73
	5.2 道骨仙风	81
	5.3 曲尽其妙	87

六 韵·美——巧夺天工 109

	6.1 跃然纸上	109
	6.2 含苞欲放	114
	6.3 昆山片玉	118
	6.4 描龙刺凤	123
	6.5 精雕细刻	131
	6.6 钿螺巧点	136

七 韵·俗——观风问俗 147

	7.1 月满乾坤	147
	7.2 桑柘春社	151
	7.3 七夕之约	155
	7.4 包氏锣鼓	159
	7.5 朝山进香	160
	7.6 不言而喻	162
	7.7 围水包皮	168

八 韵·风——古韵犹存 174

	8.1 二十四桥故事	174
	8.2 五亭桥故事	176
	8.3 高邮怀古	177

九 韵·技——运斤成风 183

9.1 灵心巧手 183
9.2 薪草为席 191

附表 第一批扬州市非物质文化遗产名录 196

后记 200

一 韵·秀——花鸟鱼虫

1.1 园冶冶园

扬州园林营造技艺——清李斗《扬州画舫录》中记载:"杭州以湖山胜,苏州以市肆胜,扬州以园亭胜,三者鼎峙,不分轩轾。"

起

扬州是中国造园较早的地区之一。《芜城赋》描述西汉吴王刘濞建都广陵(至迟在公元前 150 年):"若夫藻扃黼帐,歌堂舞阁之基;璇渊碧树,弋林钓渚之馆",可谓扬州园林之始。

《宋书》载南北朝园林:"广陵旧有高楼,湛之更加修整,南望钟山。城北有陂泽,水物丰茂,湛之更起风亭、月观、吹台、琴室,果竹繁盛,花药成行,招集文士,尽游玩之适,一时之盛也。"

《寰宇记》载:隋大业元年(605 年)隋炀帝建十宫,"十宫在江都县北五里,长阜苑内,依林傍涧,高跨冈阜,随城形置焉。曰归雁、回流、九里、松林、枫林、大雷、小雷、春草、九华、光汾",达到扬州园林史上宫廷苑囿的顶峰。

唐代,"园林多是宅,车马少于船""有地惟栽竹,无家不养鹅",宅与园结合的住宅园林成为唐以后扬州私家园林的显著标志。

承

宋代,扬州太守欧阳修和韩琦曾建有平山堂和四并堂等极为壮丽的园林建筑。轻盈活泼的建筑形式,运用较为广泛,在园林的构建及使用中,蕴涵有丰富的人文因素。

明代,城市山林大量涌现,名园迭出。比之以往,扬州许多园林更讲究建筑山水的摆布和花木配置的整体规划。特别是到了明代末年,著名造园家计成先后参与了寤园和影园的设计及施工,"巧于因借,精在体宜",达到"虽由人作,宛自天开"的艺术效果,把扬州的造园技艺水平推到了一个前所未有的高度。

清代,扬州成为南北漕运和盐运的咽喉,经济、文化再度出现了繁荣局面,大小盐商们在城内外筑有62座宅第或别墅园林。康熙、乾隆皇帝都曾六下江南,驻跸扬州,扬州官僚、盐商为邀圣宠,争相造园,一时名流荟萃,高手云集,争奇斗艳,把扬州园林建设推向顶峰。清谢溶生于《扬州画舫录》序文中称:"增假山而作陇,家家住青翠城闉;开止水以为渠,处处是烟波楼阁。"利用有限的空间,营造典雅的人居环境,集历代之大成,最终形成典雅精巧、意境深远的独到风格,为扬州园林建筑艺术的丰富和发展,起到了至关重要的作用。

1) **传承人**

计成

字无否,号否道人。明代著名造园家。有《园冶》传世,被誉为世界造园学最早的名著。提出了著名的"虽由人作,宛自天开"的造园理念。代表作有东第园、寤园、石巢园、影园等。

2) **作品**

《园冶》

明人计成于扬州造园并由此撰写的书,是世界上第一部造园学的专著,高度概括了扬州造园的理论与实践,至今仍被造园学家奉为经典。

平山堂西园

又称"芳圃",清代乾隆元年(1736年)为光禄少卿汪应庚所建。园中建筑依傍自然地势,错落有致,风格粗犷,形式丰富,在扬州园林中别具一格。主要景点都沿池布置,池中岛上砌船厅三间,在池西北有楠木厅,池南有柏木厅,园内除池中第五泉井亭外,还有东岸的康熙碑亭和乾隆碑亭各一座,同时配以池畔假山。其蜿蜒的冈阜和幽邃的林木,富于山林野趣(图1.1.1)。

图1.1.1　西园湖面

转

经过盐制改革、鸦片战争和太平天国战争,大量的扬州园林或荒废,或焚毁,或拆卖,扬州园林开始由盛而衰。扬州园林的命运和它们主人的命运联系紧密。太平天国起义被镇压后,两淮盐业死而复生,官僚和盐商又开始纷纷造园,但园林建造的中心已经转向苏州,此时建造的园林已远不能与盛时相比。至民国时期,扬州园林仅剩下残破的60余处。"大跃进"和"文革"时期,扬州园林又一次被大量破坏,现仅剩30处左右。

合

中华人民共和国成立后，扬州造园有序恢复旧景，广增新景。时至今日，扬州传统园林建筑技艺经历代艺术大师和劳动人民的创造，已逐步形成体系完整且独具一格的艺术门类，是中华民族珍贵的非物质文化遗产。

1）传承人

吴玉林

传统造园技艺（扬州园林营造技艺）非遗传承人。2017年12月，入选第五批国家级非物质文化遗产代表性项目代表性传承人推荐名单。

范续全

扬州园林建筑艺术市级传承人，曾与国内著名园林专家吴肇钊共事，从事传统园林建筑设计、规划与施工工作20余年。

2）技艺

传统建筑的技艺包括木作、瓦作、石作、漆作、雕作等，分工巨细，各具其长。扬州传统园林建筑的匠师们，凭借其匠心和技艺，对初始的设计予以丰富、发展和再创造。清钱泳《履园丛话》中曰："造屋之工，当以扬州为第一"。扬州的"造屋之工"以瓦作、雕作最显特色和成就。

瓦作

主要表现在老墙、屋面、铺地、砖作等方面。

扬州老墙。扬州砖墙砌筑形式种类繁多，花样百出，做工细致。现存明清时期砖墙砌筑的形式主要有：磨砖对缝墙[1]、青灰丝缝墙[2]、乱砖清水丝缝墙[3]等。

扬州屋面。扬州传统园林建筑的屋顶用硬山、歇山、悬山和小瓦的形式。翘角平缓，屋脊中花脊高敞空透、小瓦筑脊沉稳简洁。屏风墙（风火墙、马头墙），墙体厚实、稳重古朴、均匀对称、端头平实、

---

[1] 砌筑每一块砖都要先经过"剥皮、铲面、刨平、磨光、对缝"等数道工序，才能用于砌墙。用此法砌成的墙面细腻光洁，砖缝细如丝线。

[2] 用青砖、青灰丝缝砌筑，砖与砖之间横平竖直，层层错缝，墙面光洁，砖缝很细。

[3] 是扬州墙体砌筑技艺的一大特色，里外横铺扁砌，丁砖拉接，中间填碎砖馅。扬州几经战火焚毁，断壁残垣，乱砖遍地，使用乱砖砌出了一种别具样式的美。

造型别致,形式主要有"观音兜"式[1]、"云山"式[2]等。

扬州铺地。选材和铺装因景而异,因地制宜。选择用青砖、石板、瓦片、瓷片、卵石等不同材料,运用多种铺设方法,铺排出各种丰富的图案,使之美观、坚固且富有情调。

扬州砖作。有歇山雕花、门楼砖刻、花窗、漏窗、砖窗外皮等,均不炝色,不粉刷,一律用磨砖,采用阴嵌(见缝不见灰)的手法,对缝相拼,制作极为精细工整。图案(几何图形)的形成因"境"因"景"而变,轮廓清楚,线条简洁、明快、挺拔。另门额用高级石料,磨砖镶边,古拙厚重。踏垛多用天然山石,朴实自然。

雕作

扬州传统园林建筑砖雕精巧而不纤弱,浑厚与洗练、秀丽与健劲兼而得之。明明花色奇巧,却不见铺成堆砌;明明意匠生新,却不露丁点痕迹。工艺以高浮雕为主,参以镂雕、浮雕和线刻,而以高浮雕尤为见长。图案主体突出、配景简约,层次清晰,空间感强,于浑厚中不乏秀丽清劲。

扬州传统园林建筑擅长用水磨青砖镶砌出门窗框宕,打磨细腻,工艺考究,造型丰富。宽宽的"贴脸",拼缝严密,圆润自然,穷极变化又不失浑厚简练。厅堂的大脊和戗脊脊端也饰以花砖或砖雕,以显"刚中有柔"。

3)作品

片石山房

位于何园之南,始建于明。相传片石山房的假山石出自清代大画家石涛和尚之手。山房北为湖石假山,西首为主峰,奇峭耸翠。山腹藏石室两间,即所谓"片石山房"。山势逶迤婉转,走向东南,园中有曲池贯通南北,池南岸有水榭三楹。园东有明楠木大厅一座,用料粗壮,形态古朴简洁且浑厚端庄(图1.1.2)。

瘦西湖

"随形得景,互相因借",瘦西湖以"人力巧夺天工""两堤花柳

---

[1] 状如观音菩萨头顶披风,给人以端庄典雅的感觉。
[2] 状如凸起的弧线,高低起伏,绵延不断,给人以轻盈律动的感觉。

全依水，一路楼台直到山"，成为我国集景式湖上园林的代表作之一。建筑风格融"北雄"和"南秀"于一体，窈窕曲折的一泓碧水，串以卷石洞天、西园曲水、长堤春柳、四桥烟雨、徐园、小金山、钓鱼台、五亭桥、凫庄、白塔及二十四桥景区等名园胜迹，俨然一幅次第展开的国画长卷（图1.1.3）。

图1.1.2 片石山房

图1.1.3 瘦西湖

个园

清嘉庆年间两淮盐业商总黄应泰在明代寿芝园的旧址上扩建而成的住宅园林。园主人特别爱竹,而竹叶形状也似"个"字,故取名"个园"。个园南部为住宅,北部为花园,以四面观景的宜雨轩居中,背靠上下两层、七开间的壶天自春楼,东南置丛书楼、透风漏月厅,西南为觅句廊。个园采用分峰用石的手法,将四季假山堆叠其间,是全国重点文物保护单位(图1.1.4)。

图1.1.4 个园

1.2 宛若天成

扬派盆景——杜甫《天宝初南曹小司寇舅于我太夫人堂下累土为山……而作是诗》[1]记载:"一匮功盈尺,三峰意出群。望中疑在野,幽处欲生云。"

起

扬州有文字记载的盆景,出现于宋代。苏轼《双石》:"至扬州,获二石,其一绿石,岗峦迤逦,有穴达于背;其一玉白可鉴,渍以

---

[1] 诗名:天宝初南曹小司寇舅于我太夫人堂下累土为山一匮盈尺以代彼朽木承诸焚香瓷瓯瓯甚安矣旁植慈竹盖兹数峰嶔岑婵娟宛有尘外数致乃不知兴之所至而作是诗

盆水，置几案间。忽忆在颍州日，梦人请住一官府，榜曰仇池。觉而诵杜子美诗曰：'万古仇池穴，潜通小有天'，乃戏作小诗，为僚友一笑。"

元人张之翰《谢谭学正送盆梅》诗中提到"去年扬州梅数株，红红白白才须臾。中有一盆六尺余……"这是现知扬州树木盆景最早的记载。扬派盆景的艺术风格形成于明代。从现存明末古柏盆景中，可见当时技术之一斑。

1) 技艺

一寸三弯

根据中国画"枝无寸直"的画理，把云片中的每个枝条都扎成细密的蛇形弯曲，最密处每寸可达三个弯，而叶片保持平行而列，有如片片云朵，故称"一寸三弯云片式"。

2) 作品

桧柏盆景

扬州盆景园收藏的一盆明末桧柏盆景，为天宁寺遗物，干似虬龙，枝如云片，枝繁叶茂，层次分明,制作技艺系典型的"一寸三弯"手法。

圆柏盆景

此作品为明末遗物，取名《明末遗韵》，至今约400年（图1.2.1）。

图 1.2.1　圆柏盆景

承

清代是扬派盆景的发展高峰期，有"家家有花园，户户养盆景"之说。根据1795年李斗所著的《扬州画舫录》记载，此时的扬派盆景剪扎技艺已基本成熟。

《扬州画舫录》："湖上园亭，皆有花园，为莳花之地……养花人谓之花匠，莳养盆景，蓄短松、矮杨、杉、柏、梅、柳之属。海桐、黄杨、虎刺,以小为最……"。"扬州八怪"之一画家郑板桥也曾绘过梅花的盆景。沈复则在《浮生六记》卷二"闲情记趣"篇中白描道:"又在扬州商家见有虞山游客携送黄杨翠柏各一盆",盆景成了雅礼。究其迅速发展的因素,一是文人墨客的参与,他们不仅喜爱盆景,还亲自动手制作,又为盆景作下许多诗画;二是以扬州盐商为代表的有闲阶层的介入,他们长期雇用专职盆景工匠,精工细作盆景,客观上推动了扬州盆景技艺的提高。

1)传承人

万觐棠和王寿山

民国时期,扬州最著名的盆景艺人要数万觐棠和王寿山。他们扎制的松、柏、榆、黄杨等盆景,大者高可及人,小者可置掌间把玩,形真神活,雅俗共赏,深受上流社会和"下里巴人"青睐。作品销往上海、苏南和苏北各地,饮誉大江南北。他们在实践中归纳出的10多种棕法,成为盆景从业者的宝贵财富。

2)作品

扬州盆景园现存的清代扬派盆景较多,如"腾云""行云""岫云""铁骨峥嵘""苍龙出谷""横空出世"等,它们共同的特点是"层次分明、严整平稳、一寸三弯"。

"腾云"

典型的扬派盆景代表作,树龄逾280年。以高山松为摹本,采用棕丝精扎细剪而成。其"云片"中的小枝达到"一寸三弯",显示了传统扬派盆景的深厚功力。获1989年第二届中国盆景评比展金奖、1990年日本大阪国际园艺博览会金奖(图1.2.2)。

"岫云"

黄杨盆景。岫云为晚清遗物,获1989年第二届中国盆景评比展继承传统奖、2002年第三届国际园林花卉博览会金奖。

"行云"

黄杨盆景。清中期遗物,"巧云式","云片"层次分明,获1999年昆明世界园艺博览会铜奖。

"横空出世"

圆柏盆景。清代中期遗物，保留着扬派盆景开创风格之神韵，获2004年第六届中国盆景展金奖（图1.2.3）。

1.2.2 | 1.2.3

图1.2.2 "腾云"

图1.2.3 "横空出世"

转

民国时期，扬州盆景出现衰落，扬州堡城王氏、陆氏和仇氏虽有传人剪扎，但已无一派宗师。

合

1954年，万觐棠先生的作品被选送到中南海陈列。1964年，扬州盆景在英国展出引起轰动。1979年北京举办"盆景艺术展览"，万觐棠先生的黄杨盆景"瑞云""祥云"和王寿山先生的刺柏盆景"鹤立衔芝"让中外观众大开眼界。改革开放以来，扬派盆景剪扎技艺开始走上复兴之路。1981年9月，国家城市建设总局在扬州召开了"中国盆景艺术的研究"科研成果审定会，会议确认以扬州"剪扎技艺"所创作的扬派盆景，为中国盆景五大流派[1]之一。

---

[1] 具体指：岭南派、川派、扬派、苏派、海派。

1) 传承人

曹季德

江苏省非物质文化遗产代表性传承人。他继承了扬派盆景传统的造型方法，吸取了扬派盆景对主干的取材和审美要求，运用似像非像的大写意境画理，把大自然的景观呈现盆中。代表作品有"虬龙绕云"和"傲骨凌云"等。

赵庆泉

扬派盆景博物馆总工程师、中国盆景艺术大师。曾获得"推动盆景走向世界奖"，并被国际盆景协会评为"国际盆景大师"。

2) 技艺

扬派盆景剪扎技艺的历代传人，总结出11种棕法，它们能使不同部位的枝条形成"层次分明、严整平稳、一寸三弯"的风格，富有中国传统工笔画精描细绘的特点。

扬棕法

在枝条上部系棕，使枝条向上扬起，然后拿弯带平。

底棕法

在枝条下部系棕，使枝条下垂，然后拿弯带平。

平棕法

保持枝条基本水平的一种棕法，使枝条水平弯曲。

撇棕法

在碰到枝条有叉枝，形成两根枝条上下不等，拿弯又正巧在叉枝位置上时所用的一种棕法。如向左边拿弯，棕丝先经叉枝偏下的枝条一面，由下而上，系棕在叉枝向上枝条一方，然后再拿弯撇平。如向右边拿弯，则与向左拿弯相反。此棕法变化较大。

连棕法

在桃、梅树的剪扎中或枝条长而直时，用一根细棕连续扎弯而不剪断棕丝。每扎一弯，先打一单结，然后把单结上的棕丝在前一棕丝上绕一下，从该棕丝下面抽出后，与单结下面的棕丝绞几下，再扎下一弯。

靠棕法

在枝条的叉枝上，先在一枝上套上棕，交叉一下后，在另一枝外侧收紧打结，使两枝稍稍靠拢，使下一步弯曲枝条时，丫叉处不会撕裂。

挥棕法

在枝条上无下棕部位或下棕后易滑落，或离下棕的位置太远或太近的情况下，系棕在枝条上面或下面。

吊棕法

当扎片基本成型，发现枝条下垂，而又无法在本身枝条上用棕整平时可从主干上系棕，将枝条向上吊平。当枝片上翘，而又无法在本身枝条上用棕整平时，可在主干上系棕，将枝条向下拉平。

套棕法

当扎片基本成型，发现枝片或某枝条不十分水平时，可将后一棕套系棕在已扎好的前一弯的棕弦上，由枝条上方或下方抽出，扎一下弯，使枝条在竖直方向稍微产生位置变化，达到整平的目的。

拌棕法

当扎片基本成型，发现水平面内枝条分布不匀均时，在相邻或相隔的枝条上系棕，作左右移位。

缝棕法

当扎片基本成型，发现枝条顶片边缘小枝上翘或下垂，而又无法整平时，可用一根细棕在顶片边缘像缝衣服一样，将顶端若干小枝连成一圈，使边缘小枝不易下垂或上翘。

所有的棕法，均讲究每棕一结，细扎细剪，藏棕藏结。

3）作品

"八骏图"

将扬州古典园林的表现手法用于水旱盆景，对传统的水旱盆景进行了成功创新，创造出一种极富诗情画意和自然野趣的盆景意境,独树一帜。在一个小小的大理石浅盆里，一片丛林，一泓春水，八匹骏马或水边畅饮，或林中踱步……这就是赵庆泉的成名作"八骏图"所呈现的画面。这个作品于1985年拿下了第一届中国盆景展览的一等奖（图1.2.4）。

4）场所

扬派盆景博物馆

建在风景秀丽的瘦西湖内，分室内、室外两部分，同台展示。室内展示主要有盆景展区、图片展区、古盆展区和几架展区。除此之外，还设有荣誉室、盆景大师工作室、扬州盆景研究所等。室外展区以景墙做成连贯的半封闭空间，陈列重点盆景，分"云壑松风""腾云组合""古木清池""巧云组合""行云组合""大鹏展翅""活峰破云""文人风范"等10多个展示区域，同时在展馆西立面南侧，沿白色墙面做了盆景式的园林小品，将中国盆景的四大类别（山水、树木、水旱、挂壁）融为一体，犹如一幅长卷画（图1.2.5）。

图1.2.4　"八骏图"

图1.2.5　扬派盆景博物馆

1.3　七窍玲珑

鸟笼制作技艺——严廷中《望江南》记载:"扬州好,午倦教场行。三尺布棚谭命理,四围洋镜觑春情。笼鸟赛新声。"

起

对扬州历史有所了解的人都知道,扬州有遛鸟的传统,扬州人遛鸟的历史可追溯到宋朝。扬州人养鸟之雅好,最早的记载见于宋人徐铉《稽神录》:"广陵有少年,畜一鸲鹆,甚爱之。笼槛八十日死",其中也记载了制作鸟笼的历史。

承

制作鸟笼到了清朝乾隆年间达到极盛,李斗的《扬州画舫录》中就记录有扬州人"好笼养"。扬派雀笼具有观赏性、实用性、收藏性,当年扬州教场的雀笼巷应是雀笼制作业兴隆的见证。晚清文人严廷中的一阕《望江南》,写出了昔日教场的繁华,也记下了扬州雀笼的盛景,词中描绘的场景是鸟市。据老人们回忆,早年这条巷子里有10多家专营鸟雀生意的店铺,每天早晨,每家店铺的屋檐下都会像灯盏似的挂出一溜的鸟笼,鸟儿在笼子里振羽、赛喉,引来如织的人流驻足品赏(图1.3.1)。

1)技艺

与其他雀笼流派不同的是,扬州雀笼以绣眼鸟笼和画眉鸟笼为主,秉承宫廷鸟笼的风格,取材多为象牙、金银以及紫檀、黄杨、酸枝等珍贵木料,做工也极尽精致,汇集了镂、雕、镶、嵌等各种工艺。

2)作品

鸟笼品类繁多,造型可谓五花八门:有金钟形、拱桥形,有正方形、长方形、花担形、帽筒形,还有落地型、悬吊型的……这些鸟笼的顶端,都有样式不同的笼钩:如意钩、葫芦钩、龙拐钩、凤嘴钩、虎爪钩、豹尾钩、寿字钩、万字钩、月牙钩、象鼻钩、连环钩、牛角钩、羚羊钩、凤菱钩、弧形钩等。

一 韵·秀——花鸟鱼虫

图 1.3.1 扬州雀笼的盛景

3）场地

清代教场附近曾有近十家制作鸟笼的商家，教场内更有巷子名曰"雀笼巷"。店面的主人养鸟、卖鸟、换鸟，也遛鸟。他们以鸟招徕顾客，以笼炫耀技艺。

转

然而，随着时世变迁和老匠师的陆续逝去，到中华人民共和国成立时，扬州雀笼制作者仅余高氏、程氏等屈指可数的几家。时光移至 21 世纪，程富年老先生于 2010 年作古归山。高家在扬州的唯一传人高开福也已年过八旬，不能再亲制雀笼。

1）传承人

高家

自乾隆年间从山东济南迁至扬州，世代以雀笼为业。第一代高聚兴，以制作竹木牙雕雀笼见长。第五代高荣宽、高荣发和高荣财兄弟，继承家传技艺，制作并经营雀笼。高开福，高荣宽之子，一直在扬州雀笼巷随父制作各式雀笼。高开阳，高荣财之子，为上海雀笼名家。

程家

程富年是三代祖传的老工匠，他的祖父程德海、父亲程公谋，都是当年的制笼高手。程家做雀笼子，特别讲求质量和用料，并且做工精细，装置巧妙，造型优美。

2）技艺

程家有一把祖传的工具——九环象鼻刮针刀，刀头卷曲宛如象鼻，刀身中间有八九个大小不同的洞眼，系抽刮竹针的专用工具。装配雀笼的竹针，均经精心刮磨和砂纸打细，支支匀润。程家制作的鸟笼品类繁多，大的高过头顶，提起来可升高三级，按下去即缩成一层，名曰"三层楼"；小的专盛蝈蝈，可托于掌心，雅称"掌心雷"。

合

近年，扬州雀笼传统制作技艺受到了广泛的关注。很多喜爱雀笼制作的扬州人接续这根本土工艺的精脉，使其更加茂盛与流芳。

1）传承人

王玉生

江苏省非遗大师、扬州市工艺美术大师、扬州雀笼制作技艺第七代传人。20世纪70、80年代，木工手艺精湛的他，曾在扬州文物商店帮忙修复文物，期间接触到了不少古代的雀笼，对古代雀笼产生了浓厚的兴趣。从20世纪90年代起，王玉生下定决心，开始全力复原宫廷雀笼。历经20多年的钻研与制作，20只早已消失的宫廷雀笼被王玉生一一复原。其中的一只象牙雀笼，在几年前被国家博物馆收购珍藏，王玉生也成为了国内第一个拥有此殊荣的雀笼工艺大师（图1.3.2）。

图 1.3.2　王玉生

2）器物

雕花弓

外形像一把张开的弯弓,带有锉齿的钢丝弓弦能够轻松地将木料雕出各种孔洞和图案(图 1.3.3)。

弯头锉刀

用上好的钢丝弯曲打磨而成,专用于锉削有弧度的孔。还有四棱刀,四面均开出锋口,用它在象牙、竹子上做浮雕,如同手握毛笔在宣纸上书写,十分爽利称手(图 1.3.4)。

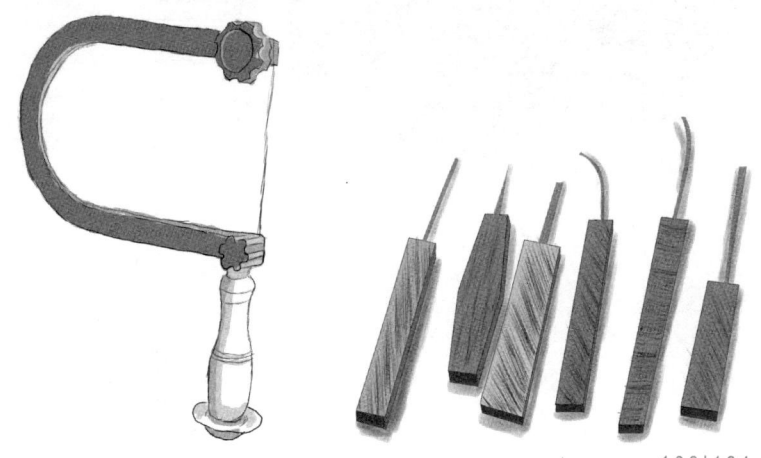

1.3.3 | 1.3.4

图 1.3.3　雕花弓

图 1.3.4　弯头锉刀

3）作品

老红木宫殿式画眉笼

笼顶呈人字屋脊状，屋檐八条飞龙昂首向云，笼身四周以回廊相连，并设台阶落地，俨然一座轩敞殿宇。四面笼壁各镶一片牙雕，并具货币、扇子、盾牌等各种形状（图1.3.5）。

图 1.3.5　老红木宫殿式画眉笼

二 韵·文——琴棋书画

2.1 余音袅袅

古琴艺术——李颀《琴歌》:"请奏鸣琴广陵客"。

起

扬州的广陵派古琴艺术是中国起源最早,也是最重要的古琴流派之一。扬州的古琴艺术以"轻松脆滑、高洁清虚、幽奇古淡、中和疾徐"为美学标准,崇尚"清微淡远"之同时,追求"洒脱、畅扬"之情趣。演奏中,"重而不虚,轻而不鄙,疾而不促,缓而不弛","若吟若猱,圆而无碍","以绰以注,定而可伸","迂回曲折,疏而实密,抑扬起伏,断而复联",形成了"音随意走,意与妙和"之风格(图2.1.1)。古琴艺术在春秋战国时期便风行古扬州。三国时期的文学家、思想家、音乐家嵇康,善鼓琴,他创作的著名古琴乐曲《广陵散》便是古代扬州琴艺悠久历史的最有力佐证。

图 2.1.1 古琴演奏

承

1) 传承人

徐常遇和徐祺

清代初期,扬州古琴日渐成熟。在这个时代出现了两位被扬州古琴广陵派后人称之为"祖师爷"的琴人——徐常遇和徐祺。

徐常遇对待传统琴曲的态度特别严谨,提出"古曲没有不尽善处,可删不可增"。他的儿子徐祜、徐祎尽得其真传,登峰造极,名震京城。清代乾隆、嘉庆年间,扬州古琴艺术更是得到了空前发展。这期间在徐常遇、徐祺琴学的基础上又有所创新发展,最终奠定了扬州古琴艺术"音随意走,意与妙合"的艺术风格和流派特征(图 2.1.2)。

2) 作品

徐常遇的代表作有《澄鉴堂琴谱》(即《琴谱指法》)。徐祺则结合毕生所学及所获编写了广陵派影响最大的一部琴谱——《五知斋琴谱》。"二徐"传人吴灴编写的《自远堂琴谱》也流芳后世。

图 2.1.2　扬州古琴

转

清代灭亡以后，战乱不断，社会动荡，旧式文人群体逐渐减少。尤其是抗日战争期间，扬州被日寇占领，扬州古琴艺术由于环境影响而面临着前所未有的危机，琴社衰败解散，古琴艺术家颠沛流离，背井离乡。扬州古琴文化发展出现倒退，而琴学研究也停滞不前。

合

20世纪80年代至今，扬州古琴艺术开始恢复生机，新的艺术团体、古琴艺术家、琴社组织不断涌现，而期间与古琴相关的雅集不断，发表了一批理论研究文章，赴国外进行文化交流，在中国琴坛独树一帜，产生了重大而深远的影响。[1]

1）传承人

龚一

中国著名古琴演奏家。曾任"今虞琴社"社长多年，现为上海民

---

[1] 施咏. 扬州广陵派古琴文化遗产保护与传承现状调查与思考——古琴文化遗产保护现状调查之二[J]. 交响——西安音乐学院学报，2009，28(04)：56-63.

族乐团一级演奏员,他的演奏潇洒超脱,触觉敏锐细腻,讲究音质和音色的变化,注重音乐意境的完美表达,形成了自己独特的风貌,卓然成家,享誉海内外(图2.1.3)。

成公亮

先后从张子谦、刘景韶两位大师学琴,得两者真传。成公亮从上海音乐学院附中毕业后在该院民族音乐作曲系学习作曲,其擅弹琴曲有张子谦授《潇湘水云》、刘景韶传《长门怨》及自己打谱的《文王操》等(图2.1.4)。

2.1.3 | 2.1.4

图 2.1.3　龚一

图 2.1.4　成公亮

2)场所

花局里是扬州古琴研究协会所在地,也是东关街的古琴门面聚集地。扬州古琴活动,自唐宋以来,流传不绝。花局里成为中国古琴第一街,艺人、求学者相聚于此,交流学习古琴艺术的感悟。(图2.1.5)

3)作品

广陵派现存琴谱有20多种,其中又以"五大琴谱"最为卓著。

澄鉴堂琴谱

该琴谱为徐常遇父子所著,是广陵琴派最早的琴谱。

五知斋琴谱

广陵派琴人及整个琴界所推崇的重要琴谱,由康熙年间广陵派著名琴家徐祺所著。

图 2.1.5　古琴第一街——花局里

自远堂琴谱

清乾隆、嘉庆年间广陵派的主要代表人物吴灴所著。

蕉庵琴谱

清道光至同治年间（1821—1874年）发展广陵琴学卓有成效的著名古琴家秦维翰所著。

枯木禅琴谱

由广陵琴派第八代弟子云闲和尚刊行。

2.2　银钩铁画

中国雕版印刷——元稹为白居易诗集作序："二十年间，禁省、观寺、邮候墙壁之上无不书，王公、妾妇、牛童、马走之口无不道，至于缮写模勒，炫卖于市井，或持之以交酒茗者，处处皆是。"

起

扬州雕版印刷历史悠久，源远流长，为扬州历史文化的重要特色之一。据史籍记载，扬州雕版印刷始于唐代。

1) 传承人

有史可考的我国最早的雕版刻工是五代时期的雷延美。他曾于后晋开运四年（947年），为曹元忠雕刻观世音菩萨像。此像上图下文，末署"匠人雷延美"。嗣后的历朝历代雕版印刷的图书，并非一一记录制作者的名姓，其传承的谱系已无法考证。[1]

2）作品

在后唐宰相冯道、大儒田敏等人主持下，在扬州刻印了九经。这是历史上第一次用雕版印制经典，也是官方应用雕版印刷术的开端。

承

扬州雕版印刷在宋、元两代均有所发展，至明代中、后期，官、私刻书颇为兴盛。

1）传承人

清朝，扬州杭集镇位于扬州南郊，这一带雕版艺人众多，以陈开良、陈正春、陈礼环、陈开华、王义龙、刘文洁、陈兴荣等为代表的"杭集扬帮"，写工、刻工、印工、装订工齐全，世代相承。

2）作品

雕版印刷为扬州历史文化的重要特色之一。清代扬州雕版印刷空前发展，刻印之书不可胜数，最值得一提的要数《全唐诗》，世称"中国雕版印刷第一书"。康熙年间皇帝命两淮盐政曹寅于扬州天宁寺内设扬州诗局，召集全国各地雕版印刷的能工巧匠前来效力，集中写刻印制，用将近两年的时间刻印完毕。《全唐诗》分装一百二十册，十二函。版式为半页十一行，每行二十一个字，白口，双鱼尾，左右双边。全书写、刻、校、印皆精。工楷写刻，字体秀润，墨色均匀，用开花纸印刷，纸张坚韧洁白。

转

民国年间，扬州地区雕版印刷趋于衰微，但余风犹存，仍刻印了不少书籍。

---

[1] 国家图书馆数字图书馆推广工程. 刻工雷延美. [EB/OL].[2013-02-23].http: //ndlib.cn/jdfx/tushushoucang/kyjs/201204/t20120411_61439_htm. 2013-02-23

1966年"文化大革命"开始,广陵刻印社被视为"传播封资修的黑工厂",强令撤销,人员被遣散,版库遭强占,版片遭到部分损毁。

合

1978年,扬州地区雕版印刷得以恢复,于扬州凤凰街重建社址。新生的扬州地区雕版印刷,不仅召回部分专业人员,还培养了一批新人。雕版印刷工艺流程全面恢复,修补、印行了大量古版图书,还新刊刻了《里堂道听录》等一批新版古籍,为扬州雕版印刷史谱写了新的光辉篇章,被海内外誉为"江苏一宝",乃至"全国一宝"。

1) 传承人

李江民

1954年出生于扬州,中国著名雕版印刷大师,江苏省雕版印刷技艺代表性传承人。20世纪70年代,李江民师从中国著名雕版印刷大师周润芝先生学习雕版印刷技艺,从业40余载,雕版及印刷技艺精湛,尤工木刻水印多色套印。李江民是目前扬州唯一能印刷雕刻彩画的大师(图2.2.1)。

图2.2.1 李江民

2) 技艺

扬州广陵古籍刻印社保存着国内唯一的全套古籍雕版印刷工艺流

程，从写样上板，雕刻到刷印、装订共有 20 多道工序，并在长期的实践中加以规范，确保其制作精细、流水作业、管理有序。该社在整理出版古籍版片的过程中，还逐步创造和总结出一整套对古籍版片修理、补刻、整旧如新的工艺流程。[1]

传统的雕版印刷工艺流程极为复杂，大致可分为四个环节，包含备料、雕版（含写样）、刷印与套色装帧。每个环节又包含若干道工序，每道工序又因其印刷种类和要求的不同而产生着变化。

备料

首先选择适当的木料制成板材，再按需要准备好纸和墨，是雕版印刷的第一个环节。

制版

雕版印刷最初的工序是制版，包括选材、锯板、浸沤、干燥和平板。

雕版

将书写核对好的字纸反向贴在板面上，使板面显出清晰的反文。当刻工将板面上的空白部分用雕刻刀剔除，可用于刷印的雕版便形成了。

写板

是由擅长书法者将原稿誊写在极薄的白纸上，称为"写样"。

校正

纸样写成后，先作初校，如有错字，即在字旁用符号标明，将正字书于纸的上端，称为"天头"。再将错字用铲刀挖除，补贴再写，二校后始成完样。

上板

将校正的写样反贴于板面，称为"上板"。板面先薄涂浆糊，然后将纸面覆贴，使字迹转现在板面上。干燥后轻轻擦去纸背底层，使板面显出清晰的反字。

雕刻

将板上有墨迹的部分保留，刻去板上的空白部分，使有墨迹处形成约 2 毫米凸起的阳文反字。刻工非常精细，过程也颇复杂，

---

[1] 雕版印刷：有 2000 余年历史 首先要制作原稿 [N/OL]. 贵阳日报，2014-3-3.http：//www.chinanews.com/cul/2014/03-03/5900520.shtml

其中包括"拉线""发刀""挑刀""打空（或剔空）""修整"与"水洗"。

刷印

巧妙地从承印物背面用毛刷实行"带施压"，通过连续刷印获得良好的印质。先将雕版固定在案桌上，将纸平置。印刷者手持圆木刷略蘸墨汁涂于雕刻凸起的板面，随即以白纸平铺其上，再用狭长的长刷或耙子，轻轻拭刷纸背，然后将印好的纸张从版上揭下晾平，这时纸上的文字或图画已成为正面。

套色

将不同颜色的部分分别刻成规格相同的版，逐次印到一张纸上。

装帧

将独立的印张装成书籍。中国古籍装帧经历了简单装、卷轴装、旋风装、经折装、蝴蝶装、包背装和线装等形式的演变，不仅使阅读变得更加便利，而且独具美感。

3）作品

1962年后，广陵古籍刻印社集中收集书版大约20万片，其中丛书57种，单行本125种，计8900多卷。多年来，该社采用雕版印刷的传统工艺出版了大量线装古籍，新刻印了《里堂道听录》等珍本古籍（图2.2.2）。

4）场所

广陵古籍刻印社

收藏明清以来的各种古籍版片、佛经版片约30万片，其中不乏孤本、珍本。多年来，该社采用雕版印刷的传统工艺出版了大量线装古籍，新刻印了《里堂道听录》等珍本古籍，还凭借保存大量古籍书版和拥有"整旧如新"的技术力量的有利条件，陆续修版补刻重印雕版线装古籍不下百万册。广陵古籍刻印社已成为全国最大的线装书加工基地，也是古老雕版印刷工艺的活的物证（图2.2.3）。

图 2.2.2　采用雕版印刷的传统工艺制作的《里堂道听录》

图 2.2.3　广陵刻印社

中国雕版印刷博物馆

2003年扬州广陵古籍刻印社收藏的30万片古籍版片并入扬州博物馆，建立扬州双博馆，馆内设有"中国雕版印刷展厅"和"扬州雕版印刷展厅"。

2.3　出画入画

装裱——胡应麟《少宝山房笔丛》："吴装最善，他处无及"。

二 韵·文——琴棋书画

起

扬州书画装裱源远流长,自晋代初起至今已有 1500 多年的历史,其间形成了几大流派,各具自己的风格,华丽稳重的扬派(扬州派)便是其中一支重要流派。

承

扬州自古人文荟萃,书画艺术繁荣,大批书画家集中于此,留下了大量的书画作品,尤以明清时期为盛。据清李斗《扬州画舫录》记载,康乾时期,扬州知名画家就有 519 人。[1] 又据大画家黄宾虹于清末客居扬州时记述:"闻七百余人以画为业外,文人学士近三千计。"书画艺术的兴旺促进了装裱艺术的繁荣与发展。

明末清初,扬州装裱逐步形成自己独到的风格,以其整洁平齐、秀丽雅致而著称于世,被称为"扬帮",与"苏帮""京帮"并称为全国三大装裱基地。

苏、扬两地装裱历经明、清数百年,承前启后,名驰全国,号称"吴装"。其裱件平挺柔软,镶料配色文静,装制切贴,整旧得法。明代胡应麟《少宝山房笔丛》有"吴装最善,他处无及"的高度评价。

1) **传承人**

明万历年间,装裱工艺家有周嘉胄。清代乾隆年间,扬州著名装裱艺术大师叶御夫,善治旧绢。《扬州画舫录·卷九》写道:"叶御夫装潢店在董子祠(今北柳巷)旁。御夫得唐熟纸法,旧画绢地虽极损至千百片,一入叶手,遂为完物。"叶御夫当是彼时扬州装裱业的代表者之一。后来,叶御夫为扬州帮之师,使扬帮善于仿古装池,擅长揭裱古画。

2) **技艺**

扬派装裱沿袭古雅之法,"善仿古装池、擅长揭裱古画",也即以"裱旧、做旧"而著称。中国的书画作品大多作在易破碎的宣纸上或绢类物品上。有些作品由于原裱不佳、管理收藏保管不善,发生空壳脱落、

---

[1] 李斗.《扬州画舫录》。

受潮发霉、糟朽断裂、虫蛀鼠咬而有所损坏，甚至破成若干碎片，扬州裱画师以"补天之手、贯虱之睛、灵慧虚和、心细如发"而使其恢复原貌。

装裱

扬派装裱用糊如水，注重选料，打浆用的面粉、明矾，甚至水均有考究，轻浆重排，镶缝平正、挺直、牢实、不呲口，做到拼花相应、宽窄统一、转边整齐，这一切全凭手感眼观。

扬派装裱识得古画气韵，对"全色""接笔"无不细心揣摩，务必保持与原画的气韵相融相合，不留丝毫破绽。这种功夫非一般裱画师所能掌握，堪称绝技。

做旧

"做旧"，是扬帮的又一大绝活。昔日，扬州有一批仿古画家，他们能模仿古代名画，制作出以假乱真的赝品，或以今人画作表现古风，这都要求裱画师来"做旧"。扬派裱画师能区分出自唐以来各个不同历史时期、不同画家、不同风格和流派的作品，甚至特定时期和某个名家的习惯用纸、用墨以及旧有的装裱方式，通过特殊的做旧手法，仿造得与真品无二。

3）作品

《装潢志》

装裱工艺家周嘉胄在研究江南地区装裱工艺的基础上著成《装潢志》一书，此书为我国第一部全面、系统地总结书画装裱工艺的书籍，不仅在当时的装裱业产生重大影响，而且对以后的书画装裱有着重要的借鉴价值和指导意义。

《赏延素心录》

清代，周二学著《赏延素心录》，总结了历代装裱工艺的经验，给后人留下了极为珍贵的历史资料。

转

时至民国，扬州装裱业虽然有所衰弱，但装裱书画店仍多达52家，从业人员多达百人，主要集中分布在新城南河下、北河下一带的丁家湾、居士巷以及左卫街（今广陵路）、蒋家桥、徐凝门、皮市街、永胜街、湾子街、教场等地域。

1）传承人

胡治华

凤池斋主，其父胡山，曾在上海做装裱技工，此后该店为职工黄洞山掌管。

刘正荣

雅竹斋主，其子刘道生，上海博物馆装裱师。

2）店面

民国时期，扬州装裱业界较为知名的店铺有凤池斋（位于左卫街，今广陵路）和雅竹斋（位于永胜街）等。

合

中华人民共和国成立以后，扬州装裱业较民国时期规模扩大很多，其技艺传承不息。

1）传承人

任芳贵

出生在一个裱画世家。1964年在扬州广陵路合作社任职，1972年广陵路合作社收编为扬州工艺厂，任芳贵负责裱画车间，现年80岁，擅长做旧、仿旧。

王京

扬州市工艺美术大师。1978—1986年进入扬州工艺厂裱画车间从事裱画工作。2003年被评为"扬州市工艺美术大师"，师承著名装裱师任芳贵，经过20多年的实践得其师父妙艺，继承了扬帮装裱精细、选绫考究、用色淡雅、款式高档的技艺。

卜万水

1986年9月进入扬州工艺厂从事裱画工作，师承著名装裱师虞瑞华。1992年在厦门开设（点石轩）裱画店，2002年又经虞瑞华推荐后随佟捷学艺，2004年在扬州开设扬州裱画坊至今。擅长修复古旧字画（图2.3.1）。

图2.3.1　卜万水

2) 技艺

当今，扬州字画装裱采用新技术，摒弃胶膜，以优质的原材料，用传统工艺，浆糊黏合，结合现代化机器设备，使裱件更为柔软、挺刮、手感好、不瓦卷，从根本上解决了纯手工装裱受天气影响大，装裱速度慢，装裱量小，裱件质量不统一等问题，使工作效率和装裱质量得到提升。

3) 作品

《无量寿佛》

双面装裱国画《无量寿佛》荣获轻工业部"金龙腾飞"奖。

《花鸟》

王京大师装裱的《花鸟》在江苏省工艺美术书画展览中评为优秀装裱。

4) 场所

扬州工艺厂

为传承和发展传统装裱工艺做出了积极的努力，扬州工艺厂集中了一批裱画艺人，使这项珍贵的非物质文化遗产得以保护和延续下去。

左卫街黄家裱画店

店主黄东山是业中高手，擅长修复破旧古画，据传20世纪50年代中期受聘于故宫博物院。

比较知名的扬州裱画店还有昱林堂、墨宝斋等。

2.4 妙笔生花

扬州毛笔制作——阿克当阿修《重修扬州府志》记载:"扬州之中管鼠心画笔,用以落墨白描佳绝,水笔亦妙。"

起

毛笔起源于公元前1600—公元前1060年。中国毛笔制作技艺有四大流派,分别为安徽宣州的宣笔、浙江湖州的湖笔、江苏扬州的水笔和北京的李福寿毛笔。扬州毛笔生产始于何时,已难以考证,但扬州水笔以其麻胎作衬而独树一帜,享誉400余年。[1]

扬州水笔创始人是任自政,他发明了麻胎作衬的制笔法。

承

清代以后,政府鼓励外地移民来扬州定居,扬州人口逐渐稠密。当地民众因地制宜,以种植业和养殖业为主,又因自然条件适宜和产麻丰富,带动花木产业和制笔产业繁盛,被誉为"花木之乡"和"制笔之乡"。

1)传承人

任自政

发明麻胎作衬的任氏第77代孙任自政可视为扬州水笔的第一代传人。

杨裴然

杨文竹斋店店主杨裴然,所制毛笔"工精毫足,经久耐用",既为旧时官员所喜用,亦为书画家所称道。

2)技艺

扬州毛笔以狼毫、兔尖(兔背之毫)为主要原料,地产孔麻为辅料,工具多自制。其制作技艺十分繁难,分水盆、装套、旱作三个环

---

[1] 江苏省文化馆2011·秋刊——《留住制笔绝活 书写传统文化》

节共120多道工序，环环相扣，道道严谨。关键工序，全凭艺人的手感、舌感和目测。笔尖粗细、长短、老嫩以及锋状均有讲究，工艺精致而富有韵味。

转

中华人民共和国成立前夕，扬州毛笔制笔业跌入低谷。

合

中华人民共和国成立以后，扬州毛笔传承下来，延绵不断，脉络清晰。不仅保存了完整的传统技艺，在水笔品种上又有了新的丰富和发展，特别难能可贵的是，恢复了失传多年的鼠须水笔制作法。

1) 传承人

石庆鹏

自幼师从老艺人朱恩华、朱仲山，深得任氏制笔技艺真传。数十年来制作扬州水笔无数，精品迭出。他于1982年创办江都市国画笔厂，仍将扬州毛笔作为主营笔种，招募老师傅多名，并亲自带徒多人，使这项传统技艺得以延续。由于他在传承与保护传统技艺方面做出了突出贡献，被全国同行推选为中国文房四宝协会副会长（图2.4.1）。

图2.4.1 石庆鹏

2）技艺

选料

根据品种、规格、档次的不同进行选料、配料。

撕毛

将狼毛撕下、撞齐。羊毛，则要将粘在一起的羊毛撕松、站齐。

梳毛

用骨梳梳去不适用的绒毛，醮水成片。

腌毛

将毛醮稀石灰水，去除毛中所含油脂。春夏秋冬四季腌毛时限不同，且要保持尾色油亮、丰嫩、色艳。

上毛

出石灰水，梳净毛上的石灰屑和绒毛。

齐毫

在骨质齐毫板上分别将长短毛分开，使毛尖整齐、尾脚齐净、厚薄均匀，毫平直、不歪斜。

压毫

根据毛笔的规格要求，按毛的长短依次压成片状，呈梯形（俗称"齐锋下帖"）。

拈毫

用骨梳将压毫抓理均匀。

整毫

将不合格的毛桩剔去。

制麻衬

包括打麻条、切麻衬、梳麻衬，并梳理均匀备用。

贴衬

将麻衬贴附于笔毛的下部（俗称"齐垒较衬"）。

拈衬

将贴好的毫与衬毛合拢拈衬，用骨梳梳匀。

圆笔

将贴毫衬的笔毛，卷成圆形，收入口中吸干水分，并以舌尖将其卷成圆形，做到大小、尖肥一致。

盖毛

将制好的盖毛裹附笔头外围。

扎笔

用丝线将晒干的笔头，齐根部扎牢或用松香焊底。

3）作品

扬州毛笔名牌有"湘江一品""天香深处""乌龙水""元笔""鸡狼毫""仿古京楂""第一人书""大中小兰竹""山水"等，其中"湘江一品"有"笔中之王"的美称，其次为"上京水""刚柔相济""不可一日无此君""双料奏本"及"大小绿颖"等。

4）场所

目前，坐落在大桥花荡的江都国画笔厂是唯一保存着扬州毛笔完整制作技艺的单位（图 2.4.2）。

图 2.4.2　江都国画笔厂

三 韵·味——回味无穷

3.1 淮扬名馔

淮扬菜——《扬州府志》记载:"扬州饮食华奢,制度精巧,市肆百品,夸视江表。"

起

淮扬菜始于春秋,兴于汉唐,盛于明清。"淮扬"一词最早见于南宋丞相周必大《送邓曹根移帅扬州》诗:"闻道淮扬地望雄,风流人物似江东。六龙前日临淮海,五马由来说醉翁。碧月几桥留夜色,珠帘十里待春风。遥知九日平山会,笑插茱萸满鬓红。"明代著名戏剧家汤显祖有多首诗词提及淮扬。诗中"淮扬"大多指以扬州为代表的江淮地区,兼指扬州,也有的直指扬州。

虽说扬州菜系始于春秋,但扬州的烹饪史更早。在距今4000多年的新石器时代,人类就已经挣脱茹毛饮血的蒙昧状态,使用陶质炊器,火烹熟食了。此外,仪征新城还出土商周时期(约公元前1600—公元前221年)青铜鼎、鬲、尊等也可以证明,在扬州烹饪发展的初期,餐饮器皿已具个性特色,几可与齐鲁烹饪同步,并且烹饪方法也很多样。

承

汉代广陵（今扬州）烹饪已达到很高水平。吴王刘濞的文学侍从枚乘曾著汉赋《七发》，极具史料价值。其中记载的菜单中有小牛肉、熊掌、豹胎、野鸡、鲤鱼、笋等配菜，主食则有稻米等，烹调方法有煎、烧、烩、烤等，口味达到"芍药"（《汉书》注：五味调和）之水准。其用料之精、菜肴品种之多，不仅折射出当年贵族生活的奢华，也充分反映了广陵厨师高超的厨艺水平。

隋朝隋炀帝三幸江都，将北方烹饪技艺带来扬州。沿途各地竞献水陆珍奇与珍馐美味，给扬州厨师兼收众家之长提供了有利条件。《隋书》记载：大业六年（610年），炀帝在江都宫宴江淮以南父老；大业七年（611年）在扬子津大宴百僚。《资治通鉴》记载：隋炀帝命献异味有功,迁江都郡丞的赵元楷掌供宫中酒馔。大运河的开凿，沟通了海、黄、淮、江和钱塘五大水系，扬州成为南粮北运的咽喉之地，淮盐总汇，也是丝绸、茶叶、瓷器、药材、手工艺品等的集散地，同时将烹饪技艺推进到一个新的阶段。

唐宋时期，扬州"百种饭食,异常弥满"。我国菜肴主要风味为北食、南食、川菜和素食，淮扬菜为南食的主要代表之一。可以说，到唐朝时，淮扬菜已初具体系。唐代扬州官府的"争春宴"，五代广陵官府的"缕子脍"，宋代扬州"腌鲫""醉蟹"等组配合理，突出刀工，色香味形俱佳，是这一时期淮扬菜名宴、名菜的代表作。

1）技艺

烧

先将原料放入锅内加热，再投入调味品、水或汤，用旺火烧开，再移小火烧至酥烂入味。烧分红烧、白烧、牙色烧等。

煎

将主料放入油锅内，用微火煎成两面金黄色，再加调料，收干汁。

烩

将数种小型原料掺在一起，用汤和调味品制成汤汁菜。烩分红、白两种。

三 韵·味——回味无穷

烤

用特制的叉子叉着原料上火烤。做前先腌制原料,掌握好火候。

2) 作品

缕子脍

以细切的鱼肉制成。宋陶谷《清异录·缕子脍》写道:"广陵法曹宋龟,造缕子脍。其法,用鲫鱼肉鲤鱼子,以碧笋或菊苗为胎骨。"缕子脍亦省作"缕脍"。宋代陆游《临别成都帐饮万里桥赠谭德称》诗中有:"喜见缕脍暎盘箸,恨欠斫蟹加橙椒。"

转

清初,淮扬菜进入鼎盛时期。康熙、乾隆两帝南巡,扬州为迎圣驾,大摆宴席,山珍海味争奇斗艳。扬州盐商饮馔精凿,殆无虚日,讲求服色肴馔,奢靡之风极盛,每次宴会动辄数万钱。康熙《扬州府志》记载:"涉江以北,宴会珍错之盛,扬州为最。"雍正曾下了一道上谕,斥责盐商"饮食器具备求工巧,……宴会戏游、殆无虚日"。徐谦芳《扬州风土记略》说:"扬州土著,多以盐务为生,习于浮华,精于肴馔,故扬州筵席各地驰名,而点心制法极精,汤包油糕尤擅名一时。"官员、盐商和文人频繁的饮宴活动,促进了扬州菜技艺的提高。

据《扬州画舫录》记载:"上买卖街前后寺观皆为大厨房,以备六司百官司食次。"在此期间出现了一大批如今依然常常出现在饭桌上的淮扬名菜,如马鞍桥、三套鸭、大煮干丝、文思豆腐等。

1) 传承人

萧美人

清朝乾隆年间著名女点心师。清著名美食家、文学家袁枚颇为推崇她,在《随园食单》中写到:"仪征南门外,萧美人善制点心,凡馒头、糕、饺之类,小巧可爱,洁白如雪。"当代中国餐饮界将其列为中国古代十大名厨之一(图 3.1.1)。

2）技艺

马鞍桥

其制作方法主要是将鳝鱼切段，与猪肉片一起放入烧锅中并加入猪油，再用小火焖约30分钟。其后再置于旺火上，放入蒜瓣翻炒。最后用水淀粉勾芡，淋上香油，撒上胡椒粉（宜用白胡椒粉）和青蒜丝即成。

三套鸭

将家鸭、野鸭和鸽子宰杀治净，把三禽分别整料出骨，后入沸水锅略烫。将鸽子由野鸭刀口处套入腹内，并将冬菇、火腿片塞入野鸭腹空隙处，再将野鸭套入家鸭内，然后下锅出水，捞出沥干，将竹箅垫入砂锅底，放入套鸭，加绍酒、葱姜及洗净的肫肝，加清水

图3.1.1 萧美人

淹没鸭身，置中火烧沸去浮沫，用平盘压住鸭身，加盖移微火焖3小时到酥烂，拣去葱姜，拿出竹箅，将鸭翻身（胸朝上），捞出肫肝切片，与冬菇、火腿片和笋片间隔排在鸭身上，放入精盐再炖30分钟即成。

3）作品

马鞍桥

为淮扬长鱼名菜，因鳝鱼段与猪肉合烹，形似马鞍桥而得名。成菜色泽酱红，汤汁稠浓，鳝段酥香，风味隽永。同时具备补虚养身、补阳调理等功效。

三套鸭

清代《调鼎集》上曾记有套鸭的具体制作方法："肥家鸭去骨，板鸭亦去骨，填入家鸭肚内，蒸极烂，整供。"后来扬州菜馆的厨师将野鸭去骨填入家鸭内，鸽子去骨再填入野鸭内，即创制了"三套鸭"，因其风味独特，不久便闻名全国。三套鸭的烹饪技巧以焖菜为主，口味属于咸鲜味。家鸭肥嫩，野鸭喷香，菜鸽细酥，滋味极佳。有人赞美此菜具有"闻香下马，知味停车"的魅力。

三 韵·味——回味无穷

金齑玉脍

原名鲈鱼脍,是一道特色名菜,最早出现在北魏贾思勰所著《齐民要术》一书中。相传隋炀帝巡幸江南品尝此菜时,因其味鲜美异常,鱼肉洁白如玉,齑料色泽金黄,连声赞曰"金齑玉脍",从此,"鲈鱼脍"就换了这个新名字。据《大业拾遗记》《太平广记》《隋唐嘉话》等文献记载,此菜都用鲈鱼作主料,齑料则不尽相同,但必用黄色。

合

中华人民共和国成立之初,开国大典之后,在北京饭店举行的盛大国宴,史称"开国第一宴",本场宴会的菜点烹调即由北京饭店淮扬菜厨房一力承担完成。在中华人民共和国成立50周年大庆宴会上,也同样使用了淮扬菜。可以说中华人民共和国成立后的国宴菜肴一直以淮扬菜为主。同时,淮扬菜也由于一大批生生不息的优秀厨师的努力发展,不仅挖掘出了早已失传的诸多菜肴,如隋炀皇帝称之为东南第一佳味的"金齑玉脍",乾隆皇帝南巡爱吃的"九丝汤""西施乳""斑肝烩蟹"等,还创造性地开发出了如"乾隆宴""红楼宴""秋端宴""春晖宴"等多种宴席。新时代的淮扬菜,在前人开拓的基础上继续蓬勃发展,成为扬州大地一张极具代表性的名片。

1)**传承人**

薛泉生

中国十佳烹饪大师之一,淮扬菜烹饪大师,高级技师。薛泉生将园林建筑风貌移植于冷菜制作,创作了冷盘"虹桥修禊""文昌阁冷拼""玉塔鲜果";创作了热菜"翠珠鱼花""翠盅鱼翅""葫芦虾蟹""扬梅芙蓉""踏雪寻梅""三鲜鱼锤""乾隆大包翅"等;创作了大型立雕"龙凤呈祥"和"百花齐放"。薛泉生还挖掘出隋炀皇帝称之为东南第一佳味的"金齑玉脍",乾隆皇帝南巡爱吃的"九丝汤""西施乳""斑肝烩蟹"等菜品。薛泉生先后设计过"乾隆宴""秋端宴""春晖宴""古筝宴""新三头宴""大江南北宴""满汉全席"等多款宴席,曾获全国第二届烹饪大赛三项全能奖等。薛泉生在继承传统基础上,勇于创新,曾赴日本、新加坡等国献艺(图 3.1.2)。

图 3.1.2 薛泉生

居长龙

居长龙在资深的红学家冯其庸先生、著名烹饪理论家陶文台教授等关心指导下,倾听各方意见,研制出以淮扬菜为主打的精典宴席"红楼宴",在中国业界引起轰动,产生了极高的经济效益。现已将"红楼宴"移植日本,反响巨大(图 3.1.3)。

陈恩德

1961年拜淮扬白案大师黄忠林为师,20多岁就在众多年轻白案厨师中崭露头角,对白案四大面团无不精通,能制作百余种淮扬面点,尤擅长酥点,创制红楼西点(图 3.1.4)。

此外淮扬菜传承人还有戴立芝、王荫昌、丁万谷、尹长贵、李魁南、张广庆、汪有才、徐永珍、董德安、陈春松、王立喜、张玉琪、周晓燕等。

2)技艺

注重火候,擅长炖焖

淮扬菜掌握火候,炖焖煨烧用中小火长时间烹调。如清汤火方、砂锅狮子头等,有"滑嫩爽脆不失其味,酥烂脱骨不失其形"之美誉。

清淡味醇,咸甜适中

淮扬菜遵循"无味者使之入,真味者使之出,异味者使之除"的烹调原则，形成了南北皆宜的风味特色。汤清则见底，浓则乳白；淡而不薄，浓而不腻。突出主料，突出本味。淮扬菜既吸取了南方菜鲜脆甜的特色，又融入了北方菜色浓的特点，形成了甜咸适中、咸中微甜的风味。

3.1.3 | 3.1.4

图 3.1.3　居长龙

图 3.1.4　陈恩德

造型优美，色泽雅丽

淮扬菜讲究配色，春季俏丽，夏季浅淡，秋季多彩，冬季色深。色泽和谐，艳而不俗。

3）作品

红楼宴

红楼宴以曹雪芹在《红楼梦》中的描述为基础，后人组织整理，考察论证，总结出的代表性菜肴主要有：茄鲞、翡翠羽衣、红袍大虾、酒糟鸭信、老蚌怀玉珠等。

三头宴

扬州三头宴是淮扬菜中以寻常甚至腥膻味较重的原料烹制的不同凡响的佳肴。主菜分别是猪头、"狮子头"和鲢鱼头。三头宴的制作发挥了淮扬菜制作精细且娴于炖焖的特长，保持完美的外形，酥烂而无骨，黏韧、柔滑、鲜嫩而卤汁胶浓，带有居家常馔的风味，百嗜不厌（图3.1.5）。

图 3.1.5　三头宴

4）场所

菜根香酒楼

菜根香，中华餐饮老字号，始创于 1933 年的扬州，为近代淮扬菜系的传世之地，淮扬菜中"扬州炒饭"和"扬州三头宴"也是菜根香的师傅做得最好（图 3.1.6）。

食为天酒店

扬州食为天酒店坐落于扬州市西区核心区域扬子江路与文昌路交汇口，对许多传统淮扬菜进行了改进，是新时期淮扬菜的代表（图 3.1.7）。

3.1.6 | 3.1.7

图 3.1.6　菜根香酒楼

图 3.1.7　食为天酒店

三 韵·味——回味无穷

扬州狮子楼

扬州狮子楼是扬州淮扬菜的老字号,代表菜式有特色狮子头、文思豆腐羹等。狮子头被装在精美的瓷器中,肉质酥烂,内里还有一颗咸蛋黄,分量十足。而文思豆腐羹,豆腐细如发丝却不断,汤色鲜香清亮(图3.1.8)。

图 3.1.8 狮子楼

3.2 圈皮包水

富春茶社——社内茶联为:佳肴无肉亦可,雅淡离我难成。

起

富春茶社最初并不是一间茶馆,而是一家"花局",类似于现在的花店。清代末年,扬州"千家养女先教曲,十里栽花算种田"的遗风依然盛行。清光绪十一年(1885年),扬州人陈霭亭租赁了得胜桥巷内的十几间民房和几分空地,创设了"富春花局",栽培四季花卉,创作各式盆景应市。清宣统二年(1910年),陈霭亭去世,其子陈步云继承父业,继续经营。

民国初年,富春花局为时任扬州商会会长周谷人所得,恰巧其父有一癖好,便是上茶馆喝茶。当时的茶馆老板多为帮会头目,茶馆就是他们的堂口,周谷人出于担心其父亲安全以及维护自己的声誉的原因，听从了当时商会的"商业中学"庶务员陈步云的建议，在他的花局里自办茶馆，于是茶社就此开张。起初一直以"花局"名义运营，以免帮会中人来找麻烦。后来，陈步云才将花局改名为"藏春坞茶社"，又更名为"借园俱乐部"，最后定名为"富春茶社"。

1）传承人

陈步云

富春茶社的创始人，正是他提议将富春花局由花局变为茶社，并在随后的经营中创造了魁龙珠茶（图3.2.1）。

2）技艺

魁龙珠茶

魁龙珠茶是扬州人自己摸索出的一种茶叶选配窨制的特殊配方。

图 3.2.1　陈步云

由于它使用了三个省份的茶叶，因此也被称为三省茶。据说，当年富春茶社的老板陈步云发现富春的佳肴令食客流连忘返，茶水却毫无特色，留不住客人，三泡后便茶汤寡淡无味。于是，陈步云多次尝试，创制了三种茶叶合一的魁龙珠茶。

3）作品

魁龙珠茶

"魁"即安徽的太平魁针，"龙"即浙江的龙井，"珠"即江苏的珠兰花。魁龙珠茶将太平魁针的醇厚、龙井的清澈、珠兰花的香气融为一体，集北方所爱的香浓与南方所喜的清香于一身，三者交互配合，浓而不苦，入口柔和，可解除点心的油腻。著名作家、诺贝尔文学奖获得者莫言的妙句"两代名厨四季宴，一江春水三省茶"，就是对富春魁龙珠茶特色的高度概括。

4）场所

富春茶社原本是卖花木盆景的花局，所以，虽然富春茶社以面点驰名苏北,可是门匾一直保持水磨砖镂镌"富春花局"四个大字[1](图 3.2.2)。

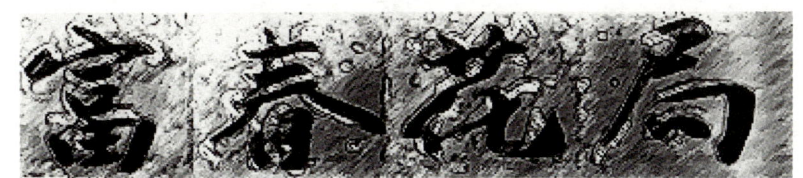

图 3.2.2 制作于 120 多年前的"富春花局"砖雕

承

从 1913 年开始,富春茶社开始供应点心,并请来黄姓和陈姓两位点心师傅,制作出"翡翠烧麦""千层油糕""酥饼""双麻烧饼"等往后成为富春特色的各类点心。茶客们能在品尝富春独有的魁龙珠茶之余,尝到这些富春点心和扬州传统名菜"烫干丝"。

1914 年,茶社业务扩大,增加了"枣泥包子""细沙包子"等品种。1915 年黄师傅去世,茶社随即请来面点名师尹长山接替。此时茶社共有生产工人 6 人,招待员 5 人,桌子 20 张,已初具规模。

1921 年到 1936 年,是富春茶社的大发展时期,职工增加到 60 人,仅捏包子的工人就有 16 人之多。其间,又聘请了绿村茶社的张广庆师傅做点心,使面点的花色品种达到 100 多种。随着季节的更替,时时翻新品种。每年春节前后,包子生意特别火。此时,富春茶社已形成了"花、茶、点"结合的经营特色,进入良性运转时期。[2]

1)传承人

张广庆

张广庆善做"席点",为富春茶社带来了"口蘑锅巴""蛋糕""鸡丝卷"等至今仍流行的点心(图 3.2.3)。

杨玉林

杨玉林对富春茶社原本的诸多面点进行了"粗改细",在原有的基础上加入了更细致的样式或花色,使得富春点心和菜式在品相上得到很大提高(图 3.2.4)。

---

[1] 扬州的富春花局 [N]. 扬州日报,2008-2-16,B1 版.
[2] 王克,韦丽娅. 富春茶社的沿革及文化特征 [J]. 江苏省文化馆 2012(夏刊).

3.2.3 | 3.2.4

图 3.2.3　张广庆
图 3.2.4　杨玉林

2）技艺

三丁大包

扬州富春的三丁大包首创于 1915 年。考虑到平民的消费水平，将五丁包子简化为"三丁大包"，用猪肉丁、鸡肉丁和鲜笋丁作为馅料，也在相当程度上保留了五丁包子的鲜美，而包子的造型也极有艺术感，人称"荸荠鼓形鲫鱼嘴，三十二褶味鲜美"。因此三丁大包很快成为富春茶社的招牌茶点之一。

翡翠烧麦

翡翠烧麦是江苏汉族传统名点。据传，富春茶社创始人陈步云想吃素菜馅的烧麦，茶社的黄师傅就用扬州特产梅岭青菜搭配猪肉末、火腿末、食盐和糖配制成馅，制成烧麦。黄师傅将青菜碾碎拌以糖油作成馅心，制成的烧麦面皮极薄，透出馅心的绿色，名"翡翠"。

3）作品

三丁大包

相传清乾隆皇帝下江南，扬州厨子为其准备御膳早点——"五丁包子"，包含了海参丁、鸡丁、肉丁、冬笋丁和虾仁做成的馅料。其外形饱满如荸荠，包子嘴状如鲫鱼嘴，还有三十二道褶子，褶子使得面皮吸附了馅料的汤汁。乾隆品尝后，赞叹不已，十分满意，当场拂笺挥毫题下"天下一品"四个大字。

翡翠烧麦

翡翠烧麦皮薄馅厚，颜色犹如翡翠，外形似秋天的石榴，外形和味道俱佳，因此广受大众喜爱，与千层油糕并称"扬州双绝"。

其他菜品

富春茶社同当时的许多扬州茶楼一样，也推出了如"烫干丝""双麻烧饼"等餐点。

转

从1937年到1945年的八年抗战中，富春茶社受到很大影响，几经息业。而随后几年的解放战争时期，处于国统区的富春茶社也受到国民党政府发售金圆券的影响，损失惨重，一度元气大伤。

1949年中华人民共和国成立后，富春茶社在政府的关照下，得到了银行的贷款，劳资双方共同协商，实行生产自救，克服种种困难，重新走上发展的道路。

1956年公私合营，富春茶社红、白案师傅阵容齐整，职工队伍壮大。"文革"期间，富春茶社虽然照常营业，但供应品种单调，许多名点、名菜一时失传。1976年以后，职工精神面貌发生改变，富春茶社的经营特色得到全面恢复。至1983年，富春茶社营业额居扬州各茶社、菜馆之首。此后，富春茶社一直是扬州市效益最好和声誉最佳的饮食店。

1）传承人

当时富春茶社聘请了李文江和武超俊两位老师傅分别担任"红案"和"白案"，做出各种菜肴应市，实行"花、茶、点、菜"结合。他们做的菜属淮扬菜系，又与茶点结合，别有创意。

2）技艺

富春鸡

将鸡洗净，从腋下开口，取出内脏，洗净，连同肫肝一起放入水锅中，煮熟捞出。将锅置火上，舀入花生油，烧至八成热时，将鸡投入炸至金黄色捞出，把鸡蛋放入油锅，炸至表面起皱纹，葱炸成金黄色。将鸡、肫肝和鸡蛋放入内有竹箅垫底的砂锅内,加入酱油、绍酒、白糖和葱姜,舀入清水淹没鸡身,旺火烧沸,撇去浮沫,压上平盘加盖,移微火焖煮,离火,去掉竹箅、葱姜,捞出肫肝切片。把香菇、笋片相间地放在鸡身上,放入精盐,再将砂锅上火烧沸,淋芝麻油即成。

大煮干丝

先把鸡肉洗净,准备鸡汤一份,锅内加水,放入鸡肉、葱、姜、料酒,大火烧开,小火煮30分钟。然后将豆腐皮切成细丝,放入热水中焯一下。再把火腿肉切成细丝,将笋切成细丝。其后鸡汤内放入豆腐丝,放入鸡脯丝,大火烧开。15分钟后放入虾仁,放入盐调味,最后再放入火腿丝即可。

3)场所

20世纪70年代的富春茶社并不像如今的饭店一样进行管理,门厅就是当时富春茶社对外销售的最重要方式,顾客进来后隔着玻璃窗户向服务员提供购买食物的票据(图3.2.5)。

图 3.2.5　20 世纪 70 年代富春茶社门厅

合

富春茶社的菜点之所以百余年来一直闻名遐迩,是由于这里诞生了一代又一代名厨。尹长山、张广庆、丁万谷、朱万宝、徐永珍等是

三 韵·味——回味无穷

其中的杰出代表,他们使富春茶社的特色得以代代相传。如今,一批烹饪新秀又在茁壮成长。至1994年富春茶社有厨师60多人,其中有等级的厨师就有40多名,特级以上厨师8名。特一级面点师董德安在1983年荣获"全国最佳点心师"称号。富春茶社在保持原有典雅特色的基础上,也同时注重了设施的不断完善,2001年12月被中国烹饪协会评为"中华餐饮名店";2006年12月被中华人民共和国商务部认定为第一批"中华老字号"。

近几年,富春茶社进行了大规模基建改造,使茶社更为宽敞舒适,环境布置更具文化味和园林味。

如今的富春茶社在老一辈人打下的坚实基础上继续开拓创新,中国烹饪协会会长张世尧欣然写下了"富春茶社名扬天下"的题词。正如许多宾客所说:"不到富春就不能算来过扬州。"

1)传承人

董德安

富春茶社特一级面点师,全国最佳点心师。13岁入扬州裕顺园饭店当学徒,后拜富春茶社名厨张广庆为师,练就一手过硬的基本功,点心制作技艺娴熟,经验丰富,尤擅长淮扬细点,并著书《淮扬面点500例》。

张春兰

特级面点师,中国淮扬菜烹饪大师。她是面点名师徐永珍的高徒,现任富春茶社白案总厨师长,曾多次参加省、市烹饪大赛,其制作的菜品多次获奖,深受同行赞誉和顾客好评。

2)作品

富春鸡

富春茶社传统名菜。是富春茶社厨师独创,故而取名"富春鸡"。取整鸡抽油红焖,配以鸡蛋,葱香扑鼻,增香增味,汤醇汁鲜,带有野味做法,颇有特色(图3.2.6)。

大煮干丝

富春茶社的干丝以其绵软入味、精细绝伦享誉中外。干丝的特点是"细、烫、汤、变"(细如针,烫去豆腥味,汤用鸡汤加调料助味,

"变"是配料随时令变更、不落俗套)。2000年,大煮干丝被国家国内贸易局审定为"中国名菜"(图3.2.7)。

3.2.6 | 3.2.7

图 3.2.6　富春鸡
图 3.2.7　大煮干丝

3)场所

最早的富春茶社位于扬州市国庆路得胜桥35号,已经属于扬州市历史建筑。富春茶社经过几代人的不懈努力和经营,逐步形成了花、茶、点、菜结合,色、香、味、形俱佳,闲、静、雅、适取胜的特色,被公认为淮扬菜点的正宗代表。巴金、朱自清、冰心、林散之、吴作人、梅兰芳、赵丹等大家及文艺巨匠都留下了墨宝和赞语。富春茶社百余年来始终坚持自己的传统味道并推陈出新,已经成为如今扬州的名片之一(图3.2.8)。

图 3.2.8　富春茶社

3.3 咸甜适中

三和四美酱菜——《论语·乡党》记载:"割不正,不食。不得其酱,不食。"

起

制酱的历史最早可以追溯到春秋战国时期,中国的酱菜可分为北味与南味两类。北味偏咸,南味则偏甜。北味的以北京酱菜为代表,南味的便以扬州酱菜为代表。

扬州酱菜历史悠久,问世于汉朝,发展于隋唐,兴盛于明清。鉴真曾将制作方法传入日本,日本人依法制作,顿觉齿颊生香,至今仍循旧法制作,并奉鉴真为始祖,诗曰:"豆腐酱菜数奈良,来自贵国盲圣乡。"可见酱菜很早便成为我们餐桌上的一味美食,而扬州酱菜更是个中翘楚。

三和四美酱菜创立于清嘉靖年间(1817年),开始名为四美酱园,初为泗阳沈氏四兄弟共同创办,取名"四美",表明四兄弟合力创成此业的意思,同时借唐王勃《滕王阁序》中"四美具,二难并"句意,喻其产品味美唯馨。后沈氏兄弟因经营不善,于清同治年间(1862—1874年)将酱园转让给镇江赵氏,终于使四美名声大振。清末民初,扬州酱业有言称:"郡城之中,最大者为何公盛、四美两家。徐恒大次之。"[1]

1) 传承人

沈氏四兄弟

四兄弟于清嘉庆年间创立四美酱园,取《滕王阁序》中"四美具,二难并"句意,喻其产品味美唯馨。

镇江赵氏

赵氏于沈氏四兄弟经营不善后接手四美酱园。赵氏经营颇有方略,先是扩大规模,后又注重质量,经六代人锲而不舍的努力将其发展壮大。

---

[1] 三和四美扬州餐桌不可少的美食 [N]. 扬州日报, 2015-10-9, T5 版.

2)场所

清末的三和四美店面是作坊式的,在院落的后面是制作酱菜的生产空间,而院落的前屋则被作为经营的门面(图3.3.1)。

图 3.3.1 三和四美店面

承

关于扬州三和四美酱菜的传承,扬州三和酱园创始人之一陈镇岩之侄陈济民在其《扬州三和酱菜厂历史简介》中描述得非常详尽,手稿中云:1927年,梁贡周、梁典成、陈镇岩3人合意在扬州创办酱厂,起初每人各出资本3000元,后又各追加2000元。实际仍然不敷应用,各股东大力筹款,以资弥补,极盛时,三和的筹备资金达到20余万元。先后筹备3年,初在大舞台狮子巷购置房屋为厂房,后在教场北首购房为店房。1930年开始营业,定名为"三和",取意于"岁寒三友"松竹梅,又应"天时、地利、人和"吉祥之意,又指酱菜色、香、味皆美。3人筹备3年,养精蓄锐,一朝挂牌,出手不凡,连商标也别出心裁。他们注重人才、注重宣传、注重创新、注重拓展,仅用了10年时间就重排了扬州酱业的座次,三和跃居第一。先后在教场北边、常府巷口及打铜巷头开第一、第二、第三家连锁店。

在此期间三和酱菜获得过多项荣誉,1915年获得巴拿马万国博览会金奖;1929年获江苏省农矿产品展览会褒奖证书和奖章;1930年获西湖博览会金质奖章。

1）传承人

梁典成

原三和酱菜公司经理（1893—1961年），为形成三和酱菜的独特风味做出了重大贡献。20世纪40年代，梁典成开办生活学校，类似今职业培训学校，不仅培养了技术人才，还争取了酱菜原料——咸坯。1956年公私合营后，梁典成任三和酱菜厂副厂长（图3.3.2）。

图3.3.2 梁典成

2）技艺

当时的三和酱菜经理梁典成研究酱菜口味，改进配方，将传统的"原菜原卤"改为"原菜配卤"，卤中加糖，使卤汁由混浊变为纯净透明，增强酱菜鲜度，形成了鲜甜脆嫩的风味。

转

日寇入侵扬州后的20世纪40年代初，陈镇岩到上海创办分厂，由扬州酱厂供应酱菜货源，在上海分厂制成罐头对外销售，打开了三和酱园发展的新局面。解放初期，陈毅同志到扬州视察，曾多次品尝三和四美酱菜。1959年，中共中央在上海召开政治局会议，毛泽东亲点扬州酱菜让大家品尝。朱德同志也称赞三和四美酱菜鲜、甜、脆、嫩。

1）产品

扬州酱菜酱香浓郁、甜咸适中、色泽明亮、块型美观，鲜甜脆嫩是其鲜明特点。

乳黄瓜

主要以每斤 30 条以上的鲜乳黄瓜为材，皮薄，肉嫩，青脆无籽，无渣如乳。

酱牙姜

选取浙江或安徽嫩姜为材，最肥、最嫩、纤维少、入口脆。

螺丝菜

取甘露子为材，形如螺丝又像宝塔，脆而清，细而嫩。

萝卜头

挑选每斤 26 个以上的萝卜，小、圆、白，腌好后，必须脆、嫩、甜。

什锦菜

选用红、黄、翠、绿、黛等多种色彩的酱菜，切成丁、条、块、丝、片等形状，组配成什锦菜，外形美，色彩多（图 3.3.3）。

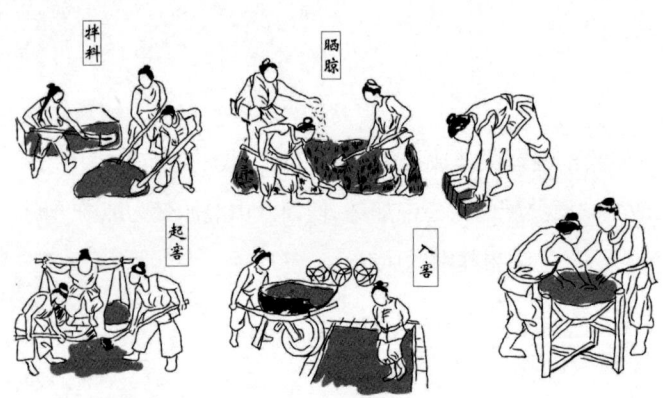

图 3.3.3 扬州酱菜制作技艺

2）场所

1955 年 6 月，扬州四美酱园和永记酱园合并，建立公私合营扬州四美酱品厂；1956 年，三和酱菜公司与徐恒大、何公盛等八家酱园合并为公私合营扬州三和酱品厂。至 1957 年，扬州市区有 6 个酱品厂，即四美酱品厂、三和酱品厂、五福酱品厂、荣祥丰酱品厂、四祥酱品厂及力生制酱社。1958 年，四祥并入四美，荣祥丰并入三和，力生并入五福。至此，扬州酱品工业调整合并为 3 个厂，分别为扬州三和酱品厂、扬州四美酱品厂、扬州五福酱品厂，正式形成三足鼎立的格局。1970 年，五福酱品厂并入三和（时为酱品二厂）。在改革开放前，扬州的酱菜生产厂家经过大洗牌只剩下区区几家，而其中最大的两家就是三和与四美。

合

1998 年，三和酱菜总公司和四美酱品厂两个百年"老字号"企业合并，组建成扬州三和四美酱菜有限公司。此后公司发展势头迅猛，于 2006 年 12 月被中华人民共和国商务部认定为首批"中华老字号"企业。今天的三和四美酱菜拥有多家分店，并成为扬州酱菜最具代表性的品牌。

1）产品

四美乳黄瓜

乳黄瓜是以嫩黄瓜为主料，配以黄酒、酱油、味精和甜面酱等辅料，经数次腌渍制成。采摘时黄瓜花犹未谢，小刺布满全身，当天采摘，当天腌制，此时嫩瓜犹如哺乳期婴儿，故称乳黄瓜。乳黄瓜脆嫩爽口，香甜鲜美，营养丰富，具有独特的风味，被誉为"酱菜之宝"（图 3.3.4）。

图 3.3.4　四美乳黄瓜

2）场所

三和四美酱菜有限公司现在在扬州有 5 家分店 1 家工厂，最主要的店面是在扬州市广陵区东关街 161 号，在此不仅销售针对外地游客的套装酱菜，也有针对老扬州人的普通散装酱菜。

3.4　炊金馔玉

扬州炒饭——《食经》记载："越国食碎金饭。"

起

扬州炒饭又叫扬州蛋炒饭，约诞生在隋唐时期的扬州。相传最早是由大运河的船民在船上煮稀饭时捞些未煮熟的干米，煮成干饭，用鸡蛋和小葱炒制而成。[1] 扬州是扬州炒饭的发源地。隋代（581—618年），越国公杨素创制了碎金饭（即鸡蛋炒饭）。隋炀帝的尚食直长谢讽著《食经》，开列了53道菜肴，其中就有碎金饭。隋炀帝三幸扬州，碎金饭是他喜食的菜肴之一。

承

著名烹饪学者邱庞同先生考证："扬州炒饭是在民间炒饭的基础之上逐步形成的。"据记载，明清交际之时（1627—1644年），扬州居民的饮食习俗是"两稀一干"，即早、晚稀饭，中午干饭。中午煮的干饭如有多余，晚间可以用开水煮后食用或用油炒后食用。讲究的人家，炒饭时常加鸡蛋一起炒，谓之"蛋炒饭"。后来，由于蛋炒饭饭菜结合，制作方便，味道又美，便从家庭进入饭馆，品种也多了起来。

清嘉庆年间（1796—1820年），汀州伊秉绶出任扬州太守，经常举行诗文酒会，扬州炒饭成为酒会时尚品种。伊秉绶与家厨麦师傅借鉴扬州"面有浇头"的做法，在葱油蛋炒饭的基础上，加入虾仁、瘦肉丁、金华火腿等，制作时用松散而少黏性之米，不多用油，将饭炒透。

伊秉绶改进扬州炒饭制作技艺后，扬州炒饭技艺不胫而走，传至扬州士绅盐商家厨，乃至酒楼饭店厨师。

1）传承人

伊秉绶与家厨麦师傅

嘉庆十二年（1807年），伊秉绶任河库道、两淮盐运使。与麦师傅在扬州期间共同研讨出了扬州炒饭的初步制作技艺，在此基础上扬州炒饭制作技艺传至闽粤。有"华人谈吃第一人"之誉的唐鲁孙先生考证："伊汀州在惠州官廨，有一位麦厨子，颇精割烹，伊转任淮扬时，

---

[1] 嵇步春，步峰. 谈扬州炒饭 [J]. 中国烹饪研究，1999（3）：57.

因为宾主相处甚得,麦也随任来扬。""扬州炒饭,也是伊汀州跟麦师傅两人研究出来的"(图3.4.1)。

2)技艺

伊秉绶与家厨麦师傅所研制的炒饭,用米必用洋籼,也就是西贡暹罗米,取其松散而少黏性,炒制时油不要多,饭要炒得透。除了鸡蛋、葱花之外,要加上小河虾,选纽扣般大小者为度,过大则肉老而挡口了。另外,金华火腿切成细末同炒。

图3.4.1　伊秉绶画像

正宗的扬州炒饭烹制的原料,有海参、鸡腿肉、火腿肉、干贝、虾仁、鲜笋丁、青豌豆、鸡蛋、鸡汤、葱花、食用油及虾籽等10多种。为了让每一粒米饭都能均匀受热,常用砂锅翻炒。此外,需要在米饭未炒熟时倒入鸡蛋液以达到"金裹银"的效果。翻炒过程中以虾籽代替味精,最后加入少许鸡汤便可完成。

转

鸦片战争以后,不少华人赴海外经商谋生,于是扬州炒饭传遍世界各地,同时也在各地产生了许多变化。例如在广东的淮扬菜馆,就在扬州炒饭中加入了当地特有的叉烧和海参丁,做出虾仁叉烧炒饭。而在上海一些餐馆里的扬州炒饭,则加入了鸡肫和绍兴酒等配料。可以说扬州炒饭为了迎合不同地区的口味,一直在慢慢改变着。

合

目前,扬州炒饭跨越了菜系,国内大多数省市都有扬州炒饭应市。我国一些重要国宴也选用扬州炒饭,如1972年宴请美国总统尼克松、2001年APEC会议用餐等。美国前总统老布什等政要也喜食扬州炒饭。1990年,中国烹饪协会等编纂《中国名菜谱》,将扬州炒饭列为中国名菜。2005年,联合国为庆祝当年主题"国际稻米年",推出"环球300种米饭食谱",扬州炒饭位居中国5种入选食品之首。2015年,扬州市质量监督局发布了扬州炒饭的标准。

扬州炒饭为系列炒饭。狭义的扬州炒饭，指扬州什锦炒饭。广义的扬州炒饭，指米饭加不同配料炒制而成的扬州风味炒饭。

1）传承人

周晓燕

中国烹饪大师，淮扬菜烹饪大师，中国烹饪国际评委，江苏省名厨专业委员会主任。主编了《烹调工艺学》等书籍，并主持了"蛋炒饭工艺标准化研究"（图 3.4.2）。

图 3.4.2　周晓燕

2）技艺

1983 年 5 月北京民族饭店出版的《川苏名菜五百例》里收录的扬州炒饭，主要配料有猪肉、火腿、青豆、海参、香菇、冬笋以及葱，成品讲究五颜六色。在炒制过程中选择含水量少的熟米，从而达到粒粒分明的效果。

根据 2015 年扬州市质量技术监督局发布了扬州炒饭最新标准，正宗的扬州炒饭形态上要达到米饭颗粒分明、晶莹透亮；色泽上要做到红、绿、黄、白、橙，呈显明快、谐和效果；口感上要咸鲜、软硬适度，香、润、爽口；气味上要具有炒饭特有的香味；以特等籼米饭和鲜鸡蛋为主料，以水发海参、熟本地鸡腿肉等 8 种食材为配料，按规定的流程炒制而成。与旧标准相比，鲜鸡蛋增加到了 3 到 4 枚，160~180 克；此外，新标准食盐从 6 克减少到 4 克，鸡清汤增加了 25 毫升。

同时，配制讲究"君臣佐使"，鸡肉取鸡腿肉，火腿要取南腿，虾仁要用湖虾仁，笋要取鲜笋且用笋尖，蛋要取草鸡蛋，青豆必选鲜青豆。三次入葱，次使饭香，次使蛋香，次使配菜香。[1]

3）作品

根据配料不同，扬州炒饭有虾仁蛋炒饭、肉丝蛋炒饭、火腿丁蛋炒饭、三鲜蛋炒饭、虾肉蛋炒饭等（图3.4.3）。

图 3.4.3　火腿蛋炒饭

4）场所

皮包水

皮包水东关街店位于江苏省扬州市广陵区东关街 153 号，主营特色淮扬菜系。店面古色古香，并时常有扬剧或评话等在此演出（图3.4.4）。

图 3.4.4　皮包水东关街店

---

[1] 孙丰婷. 论扬州炒饭的标准与制作工艺 [J]. 南宁职业技术学院学报，2017，22(04)：28-30.

粗茶淡饭

位于江苏省扬州市广陵区东关街 207 号,是东关街上的名店,以藕粉汤圆、桂花酱、扬州炒饭等闻名,所做的扬州特色小吃正宗且地道(图 3.4.5)。

图 3.4.5 粗茶淡饭东关街店

四 韵·容——风华绝代

4.1 红颜娇女

戴春林——《扬州画舫录》记载："天下香料,莫如扬州,戴春林为上。"

起

明崇祯元年（1628年），戴春林在扬州埂子街开创了中华大地上第一家生产香粉和香件的铺子。

明崇祯二年（1629年），戴春林为崇祯皇帝的贵妃田秀英定制了第一枚鸭蛋香粉，成为至今为止世界上第一块美容粉饼。

明崇祯五年（1632年），北京东安门外大街（即今王府井）戴春林京城第一家分号开张。

1) 技艺

戴春林以中医世家独创的焖缸三年地藏法、酒水浸炼木蒸提浓法和硙粉水洗沉淀法工艺将天然药草、天然植物和矿物进行提炼加工，开创了具有中华文明的"千金五香"美妆工业的历史。

2) 产品

五香

五香包括香件（香囊、香珠、香扳指等）、香粉（鸭蛋香粉、玉容妆粉等)、香油(首乌桂花头油,主要是护发类)、香黛(面部化妆用的眉黛膏、胭脂、口脂的统称)和香膏(护肤用的面脂,如杏仁蜜、沁凝露、芙蓉霜、桃花玉面霜等)。

千金

千金即指千金小姐,另寓意"千两黄金才能买到五香",足以显示当年戴春林妆品的名贵,故有"美人一身香,穷汉半月粮"。

3) 场所

明崇祯元年(1628年),第一家戴春林香粉和香件的铺子在扬州埂子街开业。据《扬州画舫录》记载:"戴春林香铺'戴春林家'四字,传为董香光所书云"。董香光即董其昌,明末著名书法家。戴春林以一市井店铺,竟能获得这样一位显赫书家的亲笔题名,也可见它是如何见重于当时的士林(图4.1.1)。

图4.1.1 戴春林店铺

承

盛清时代扬州又成为全国中部各省食盐供应基地和南北漕运的咽喉,再度出现经济和文化上的繁荣。康熙6次南巡期间(1684—1707年)及乾隆6次南巡期间(1751—1784年),官商搜罗珍奇,进献取宠。戴春林香粉店制作的香粉含天然珍珠粉,十分名贵,于是官商以此作为礼品赠皇帝随从,扬州戴春林香粉因之带进后宫,大受嫔妃宫娥的欢迎,朝廷遂规定扬州每年要进贡香粉。于是,扬州戴春林香粉便品重宫帏,名动公卿了(图4.1.2、图4.1.3)。

四 韵·容——风华绝代

4.1.2 | 4.1.3

图 4.1.2 乾隆帝南巡,下榻扬州

图 4.1.3 戴春林香货惊艳后宫

在 1784 年成书的《红楼梦》中,曹雪芹多次生动描述了戴春林的香货,"这是紫茉莉花种研碎了兑上香料的",还借了平儿的嘴夸耀了戴春林的香粉"平儿倒在掌上看时,果见这粉轻、白、红、香四样俱佳,拍在面上也容易匀净、润泽,不像别的粉那样涩滞"。还有北静王手腕上的 18 粒如莲香珠,袭人荷包里的两个梅花香饼儿,就连金钗们开脸时用的也是戴春林秘制的鹅蛋香粉……

清嘉庆十九年(1814 年),娜嬛山樵所著《补红楼梦》第二十二回云:"薛蟠这一次经过扬州时,又赶到埂子街戴春林家买了一大堆香货带回去以备送人之用……"(图 4.1.4、图 4.1.5)。

4.1.4 | 4.1.5

图 4.1.4 购物场景

图 4.1.5 购物场景

清孙兆溎《片玉山房花笺录》载:"戴春林香粉铺相传开自前明,其来已久,货亦极佳。"

清惺奄居士《望江南百调》写道:"扬州好,比户戴春林。一样牌题名士手,几番香醉美人心,脂粉旧驰名。"

讲求信誉,童叟无欺,是戴春林香店成功的又一奥秘。《水窗春艺》云:"著名大店,如扬州之戴春林,苏州之孙春阳,嘉善之吴鼎盛,京城之王麻子,杭州之张小泉,皆天下知……然此各家得名之始,只循诚理二字为之。"

1)技艺

戴春林的香粉有一套独特的制作方法:精选云母粉加上天然珍珠粉和江都邵伯的糊粉坊专为生产加工的石粉、米粉、豆粉,再加上鸭蛋清,按一定比例调制而成。母粉还要用白兰、茉莉、珠兰、玫瑰等时令鲜花薰吸香味,使其具有天然花香,最后制成块状、珠状和粉状上市销售。

2)场所

乾隆十九年(1754年),乾隆帝钦批"朝廷贡品"额匾送至戴春林香粉老铺,一时间埂子街锣鼓喧天,人声鼎沸,盛况空前。

转

《上海地方志》载:戴春林最鼎盛时在上海昼锦里(今山西中路一带)同时开有三、四十家分号,如:上海老戴春林粉局、华记戴春林、申号老戴春林"久记""尧记""晋级"……

1936年《新江苏报》副刊中的《扬州竹枝词》的作者汪有泰对清代惺奄居士所描述的假冒戴春林现象给予直白道出:"浓香阵阵袭衣襟,冰麝龙涎醉客心,真伪混肴难辨认,钞关无数戴春林。"

民国元年(1912年),扬州南门外大街135号的戴春林分店仍以"千金五香"享誉扬城。

场所

清咸丰元年(1851年),戴春林上海第一家分号"听记"在老城隍庙方浜路口245号开张,该分号一直延续到1949年中华人民共和国成立。现存珍贵历史老照片由杰克·伯恩斯(Jack.Birns)于1949年拍摄的《民国大陆最后的一瞥》中位于旧上海方浜中路城隍庙口245号的戴春林老店照片，见证了戴春林在上海开设分号的鼎盛历史（图 4.1.6）。

图 4.1.6　戴春林上海第一家分号"听记"店

合

现代扬州著名历史专家韦明铧先生赞誉道："扬州脂粉旧驰名，倾倒美人到沪京。不料香销百载后，而今重见戴春林。"

1）传承人

穆鸿骏

现任戴春林中华美妆技艺传人。

2）产品

戴春林产品非常丰富，主要产品为鸭蛋粉和杏仁蜜等（图 4.1.7）。

鸭蛋粉

手工将大米、绿豆、珍珠、花瓣等原料研磨成粉后混合均匀，在模具中压制成鸭蛋形，放入鲜花坛中用工艺熏染加香，故称鸭蛋粉（图 4.1.8）。

4.1.7 | 4.1.8

图 4.1.7　戴春林系列产品

图 4.1.8　戴春林鸭蛋粉

杏仁蜜

含水解珍珠、甜杏仁油、维生素 E 等成分，具有低油滋润、保湿等功效。

3）场所

戴春林（东关街店）

位于广陵区东关街 181 号（东荣园旁），所售香货依旧延续了首创的"千金五香艳天下"中华美妆文化（图 4.1.9、图 4.1.10）。

4.1.9 | 4.1.10

图 4.1.9　戴春林店铺

图 4.1.10　戴春林店内布置

4.2 淡扫蛾眉

谢馥春——"扬州香粉名扬天下,出落无尽粉黛娇娃。"

起

清道光十年(1830年),"谢馥春"香粉铺在江苏扬州起家,主营香粉、头油等。因"谢"在汉语中有凋敝之意,谢宏业便以"馥春"缀后,赋予欣欣向荣的寄望。当时,女性尤以敷香粉为美,以用谢馥春香粉为荣。

1)传承人

谢宏业

创始之初,昔日鼎盛的戴春林和薛天锡濒临倒闭,谢家便将戴、薛两家有经验的老师傅们招进店来,取长补短,三家归一,从而成为扬州香粉业的霸主("三店归谢")。

2)技艺

香粉与药材结合

谢宏业在香粉的母粉内加入冰片、麝香等药材,恒定香源,有序缓释,达到浓淡适度、持久留香的目的。

承

民国十五年(1926年)《江都县续志》记载:"昔日戴春林最有名,继起者薛天锡,最后则谢馥春。洪杨乱后,'戴春林'多至十余家,购物者莫辨真伪,因舍而之薛天锡。近薛天锡亦渐衰微,惟谢馥春贸易称盛。"(图4.2.1)

张爱玲《怨女》:"装着鸭蛋粉的长圆形大银粉盒,绕着桌子,这个传到那个手里,最后轮到她用,镜子已经昏了,染着白粉与水蒸气。鲜艳的粉红丝棉粉扑子也有点潮湿,又冷又硬,更觉得脸颊红扑扑的。"

图 4.2.1　谢馥春店面

　　1913 年,"五桶为记"商标案成为我国历史上最早的一起商标侵权案。"前因无耻之徒,假冒本号招牌,鱼目混珠,故特设立五桶商标为记久在。扬州商会注册,并请江都知事出示禁止在案,以杜影射而免假冒,赐顾者请认明辕门桥北首五桶为记并温县知事张挂告示庶不致误。再本号对门及左右店铺均系石库大门,务请注意。"(摘自谢馥春包装纸内容)

　　1915 年,扬州"谢馥春香粉店"的香珠和鸭蛋粉一举摘得巴拿马万国博览会银奖。

1）传承人

谢箴斋

　　"谢馥春"第四代传人,十岁起便在厂里帮工,十三四岁就掌握粉、油和香品的制作工艺,而且开始生意应酬。十七岁正式接管"谢馥春"后,进行了大刀阔斧的改革。当时的"谢馥春"和同时代的产品工艺比较,已具有非常高的工业化水平,也大幅提高了利润。

2）技艺

引入法国香精（玫瑰精油），改进传统工艺，缩短了鹅蛋粉制作时间，香型有了更多选择。因此有"美人一身香，穷汉半月粮"之说，意指香粉价格高昂。

转

1952年，在公私合营的浪潮下，谢馥春历经波折。2001年，"谢馥春"现有体制和机制不适应市场竞争要求，资不抵债，歇业改制。

合

2005年10月，在扬州百姓和各界人士呼吁及政府支持下，由扬州化工资产经营管理公司重组"谢馥春"，成立"扬州谢馥春化妆品有限公司"。再度创业的谢馥春充分挖掘老字号价值，走传统文化经营之路，凭借品牌力量，实现"谢而复春"。2006年，"谢馥春"被商务部认定为首批"中华老字号"企业，其"香、粉、油"制作技艺项目被列入江苏省非物质文化遗产保护名录。

1）产品

鸭蛋粉

采用天然原料，经鲜花熏染，冰、麝定香工艺精制而成，具有轻、红、白、香之特点，为清廷贡粉。百姓冠称"宫粉"，故有"天下香粉莫如扬州"之美誉，具有很高的收藏价值（图4.2.2）。

桂花头油

又称冰麝油。采用先露后窨，如制酒一般"沉缸"。《红楼梦》第二十八回"蒋玉菡情赠茜香罗"，写道："女儿悲，丈夫一去不回归；女儿愁，无钱去打桂花油……"是对民间常用桂花油的佐证。它选用侧柏叶、山茶、白芷、甘松、辛夷、桂皮、广木香等十多味中草药配制而成，按中医原理讲，具有生发、乌发、止痒和去头屑的功效（图4.2.3）。

2）场所

2007年，"谢馥春"抓住机遇，入驻东关街，开设了第一家专卖店，生意开始变得红火，仅三年时间全国已有 50 多家专卖店（图 4.2.4、图 4.2.5）。

4.2.2 | 4.2.3

图 4.2.2　鸭蛋粉

图 4.2.3　桂花头油

图 4.2.4　东关街上的老字号"谢馥春"

图 4.2.5　东关街上的老字号"谢馥春"

五　韵·戏——生旦净丑

5.1　惟妙惟肖

杖头木偶戏——《傀儡吟》:"刻木牵丝作老翁,鸡皮鹤发与真同,须臾弄罢寂无事,还似人生一梦中。"

起

中国木偶,源远流长。先有"俑",后有"妓俑",而后有了"傀儡戏"。唐人杜佑在所著《通典》中考证曰:"窟儡子,亦曰'魁儡子',作偶人以戏,善歌舞。本丧家乐也,汉末始用之嘉会。北齐后主高纬尤所好,高丽之国亦有之。今闾市盛行焉。"由此可见,善歌舞的"偶人"当源于汉代。而扬州的杖头木偶戏则源于唐代,唐人韦绚著《刘宾客佳话录》曾载"大司徒杜公在维扬入市看盘铃傀儡"。这里说的维扬,即今日之扬州,而杜公即指杜佑。杜佑关于傀儡戏的论证便基于他在扬州"入市看盘铃傀儡"的考察,而"盘铃傀儡"则是当时傀儡戏的一种。杜佑是唐代的显官名流,也能移尊往市井观看木偶戏。由此可见,当时扬州木偶戏的盛行情况了。[1]

---

[1] 常骥良. 扬州木偶戏的探索 [J]. 艺术百家,1994(02):49-53.

承

宋代扬州，木偶戏已成为当时戏剧领域里最古老而又富有特色的一个剧种，不仅在市井演出受欢迎，而且进入了宫廷和内宅。据《宋史新编》云："理宗在位久，董宋臣、卢允升作芙蓉阁香兰亭，宫中进倡优傀儡，以奉帝游宴。"至元、明两代，扬州屡遭兵灾，城市几成废墟，经济转向萧条。这段时期，史籍上鲜见木偶戏的活动记载，但这并不意味着木偶戏的消亡。到了清代，扬州的木偶戏达到空前繁荣，不仅演出频繁，其种类也更加丰富。清代诗人郑板桥的《咏傀儡》更对木偶戏刻画得惟妙惟肖："笑尔胸中无一物，本来朽木制成身。衣冠也学诗文辈，面貌能惊市井人。得意哪知当局丑，旁观莫认戏场真。纵教四体能灵动，不籍提撕不屈伸。"

清道光年间，徽班晋京前齐聚扬州，新颖的徽剧艺术，博得富商巨贾以及市民们的青睐，迅速占领演出市场。这时的古木偶戏在市区逐渐衰微，被迫转向扬州所辖的邻近县城、集镇及农村去安营扎寨。如泰兴、泰州等地。扬州的杖头木偶在两泰地区生根立足后，日见繁荣昌盛。清代中叶，杖头木偶分布区域的庄户人家每逢祭祀敬神、婚丧寿辰、岁时节庆都必演木偶戏。一时间，众多专业的和亦艺亦农的木偶戏班应运而生，争相观看木偶戏是寻常百姓文化生活的主要形式和内容。据调查统计，泰兴县于1949年前有43个乡镇，就有117个木偶戏班，几乎每个乡镇都有数个戏班。两泰地区木偶艺术的发展，是扬州杖头木偶艺术独立成支并得到繁荣和发展的极其重要的阶段。

1）技艺

水傀儡

清人李斗在《扬州画舫录》中记道："韩园在长堤上……闲时开设酒肆，常演出傀儡子，高二尺，有臀无足，底平，下安卯枘，用竹板承之，设方水池，贮水令满，取鱼虾萍藻实其中，隔以纱障，运机之人在障内游移转动。"可见当时傀儡戏演出之精妙。

2)器具

木偶造型

早期的木偶造型是由民间艺人用木头雕出简单的大同小异的头型,从其结构上分析,不讲究人物头部骨骼和肌肉的结构比例,更不讲究五官的位置经营,而主要是以颜色涂画人物的脸谱,来区分不同角色的形象。流传在民间木偶戏班中早期的木偶造型多数沿用戏曲中生、旦、净、丑、灵怪等脸谱,后人将这一时期的木偶造型称为"三分雕七分画"。

木偶装置

在扬州木偶戏的初期,木偶面部的形象制作一般为整木所雕,头部和嘴眼均无复杂的活动装置,一小块平板设在肩膀之处,着衣后才稍有身腔之感,其手的制作同样没有活动装置,即使需执刀枪长矛,也只是使用固定拳头手,手的中央预留固定圆孔,装卸道具时,常常是演员露面操作,大大地影响了演出效果和木偶的表现力。

3)场所

当时的表演基本都是民间艺人在街头进行的(图5.1.1)。

图5.1.1　街头表演木偶戏的民间艺人

转

中华人民共和国成立后的1957年，泰兴县尚有光明、新生、大众、德胜、合兴、群艺、复兴、仲德、同兴、同福、同艺等11个木偶剧团。另有"民福"班在镇江登记，成为镇江木偶剧团；"红星"班在上海被合并进了上海木偶剧团；还有在如皋和泰县登记成为当地的木偶剧团。1959年，泰兴县又将11个木偶剧团合并为三个木偶剧团，1968年秋又将木偶京剧一、二团（木偶京剧三团已于1965年解散）合并为泰兴木偶剧团。"文革"期间，泰兴木偶剧团巧妙地运用办工厂养艺人，移植"样板戏"，躲过浩劫，保存了木偶艺术的精英和实力。

1）道具

木偶造型

中华人民共和国成立后，由于木偶戏的发展以及对角色形象、个性特征的特殊需要，并随木偶造型艺人雕刻绘画技艺的提高，逐步出现了木偶造型的专业艺人，他们开始注重创造性和技法性的结合。这一时期的木偶造型，包括对一些动物的造型，雕刻工艺刀路清晰、轮廓鲜明、线条粗犷、色彩明快、个性初显。作为装饰性的木偶，口鼻都画得很小，很精细，总体非常精美，而在舞台上表演的木偶造型必须要夸张，五官要适当地进行夸大，这样观众才能看清木偶的表演。[1]

木偶装置

在20世纪60年代以后，木偶的头部逐步改木雕偶像为泥塑造型，石膏翻模、脱胎制作。近年来，还研制利用了玻璃钢、塑胶等新型材料制作木偶头像，同时给主要角色装点活眼和活嘴，有时根据剧情和角色的需要，还要设置眉毛、胡须、耳朵、鼻子等复杂动作，这样既提高了表现能力，又增强了木偶的趣味性、动作性和可操作性。

2）表演场地

上海木偶剧团

上海木偶剧团成立于1960年6月1日，以杖头木偶艺术见长，同时兼顾皮影、布袋木偶、人偶、黑幕戏等表演样式（图5.1.2、图5.1.3）。

---

[1] 王贵洲. 扬州木偶戏中木偶造型的历史演变与发展方向研究[D]. 南京航空航天大学，2014.

5.1.2 | 5.1.3

图 5.1.2　上海木偶剧团

图 5.1.3　上海木偶剧团展厅

合

　　1973 年 7 月，泰兴木偶剧团上调为扬州地区木偶剧团（1983 年又更名为扬州市木偶剧团），团址也由泰兴迁至扬州。经过近 200 年的迁徙，扬州木偶以一种崭新的姿态，回归到生成和养育它的这一方土地。

　　扬州杖头木偶艺术回归故里的 30 多年里，取得了前所未有的发展和骄人的业绩，竖立起令同行瞩目的三个"里程碑"。一是于 1981 年创作演出的大型木偶剧《嫦娥奔月》，改京剧形式为京歌形式，使人耳目一新，曾获 1981 年全国木偶皮影观摩演出奖，并入选国家首届艺术节演出剧目，得到了文化部领导、木偶界专家以及广大观众的一致认同，被称为近代扬州杖头木偶艺术发展史上的里程碑；二是于 1993 年创作演出的大型儿童神话木偶剧《琼花仙子》，该剧从木偶设计制作、导演手法、演员操纵表演到舞美灯光设计都极大地提升了木偶戏的文化艺术品位，从而获得文化部第八届文华新剧目奖和"六艺节"优秀剧目奖，导演和主演也同时获得"文华奖"，被称为又一个里程碑；三是于 2002 年创作演出的卡通儿童木偶剧《三个和尚新传》，立意新颖、个性鲜明、表演独特、富有创意，获得由文化部颁发的第二届全国木偶皮影大赛"金狮奖"金奖，成为第三个里程碑。

　　扬州杖头木偶艺术已经迈出国门，走向世界。1984 年，国家派遣扬州杖头木偶出访日本，在短短的两个月里，创下连演 52 场次的纪录。从1990年至1995年，扬州市木偶剧团与日本影法师剧团签订合作协议，扬州杖头木偶艺术代表作《三国志》在日本连续公演6年之久，这在中国木偶艺术团队出访国外演出活动中是不多见的。十多年来，扬州杖头木偶艺术的足迹遍布南美、西欧、东亚、西亚、东南亚等数十个国家和地区，受到文化部和有关国家领导人以及广大国外同行、观众的热烈欢迎和好评。

1）传承人

焦锋

国家一级导演，兼任编剧和演员。文化部第八届"文华导演奖"得主，文化部第十届"文华奖"评委，中国戏剧家协会会员，原中国木偶皮影艺术学会顾问，原扬州市木偶剧团业务团长。2015年获中国木偶皮影艺术学会颁发的"老艺术家杰出贡献奖"等荣誉称号（图5.1.4）。

颜育

国家非遗扬州杖头木偶戏省级传承人，国家一级演员，从艺50多年，多次参加国家重大演出，并多次走出国门，1994年获"全国木偶艺术表演精英"称号，1999年获省"德艺双馨"称号，2002年获"全国老年文艺调演"金奖。2008年、2010年、2014年在全国"金狮奖中青年技艺大赛"中获"指导老师奖"。其代表作为《扇韵》《天女散花》等（图5.1.5）。

5.1.4 | 5.1.5

图 5.1.4　焦锋

图 5.1.5　颜育

华美霞

1947年出生，1962年学艺，国家一级演员，扬州杖头木偶国家级"非遗"代表性传承人，中国戏剧家协会会员，中国木偶皮影学会理事，曾成功地塑造了"嫦娥""白骨精""铁扇公主""小青""阿庆嫂""常宝"等众多的木偶艺术形象，创造出"兰花指""反掌""揉手绢"以及20余种"水袖"动作，丰富和发展了扬州木偶的表演技巧，是扬州杖头木偶艺术的代表（图5.1.6）。

图5.1.6　华美霞

2）技艺

扬州杖头木偶戏的常用水袖表演操纵方法有：

单翻袖

将木偶一只手的水袖翻搭在手掌上。

双翻袖

将木偶两只手的水袖同时翻搭在手掌上。

单搭袖

将木偶一只手的水袖搭在另一只手的手掌上。

背搭袖

将木偶一只手的水袖搭在木偶的另一只手的前臂上，而木偶另一只手的水袖反搭在手臂后上方。

甩袖

将木偶一只手的水袖向左或向右单独甩出去叫单甩袖；将木偶两只手的水袖同时向左下方或右下方圈甩出去，叫双圈甩袖。

抖丢袖

将木偶左手或右手或两只手的承袖，往上抖在木偶的另一只手的腕关节处，再将水袖从木偶胸前向前下方丢出去，叫抖丢袖。

此外，还有单背袖、双背袖、披肩袖、遮袖、揣袖、双掷袖、双翻搭袖、双翻高低搭袖、后搭反翻袖等动作，这些都是木偶表演操纵者必须掌握的基本功。水袖功在木偶表演艺术中，是非常重要的一项表演基本功。水袖表演形式优美，内涵深刻，动作变化丰富。

3）作品

嫦娥奔月

中国上古时代神话传说，讲述了嫦娥被逢蒙所逼，无奈之下，吃下了西王母赐给丈夫后羿的两粒不死之药后，飞到了月宫的故事。"嫦娥奔月"的神话源自古人对星辰的崇拜，据现存文字记载最早出现于战国时期。

三个和尚

根据中国民间谚语改编，主要通过三个和尚没水吃、寺庙失火、三个和尚齐心协力救火直至后来三人合作吊水的情节，既批评了"三个和尚没水吃"这种社会上存在的落后思想，又提倡了"人心齐，泰山移"的社会新风尚，与现实生活紧密地联系在一起（图5.1.7）。

图 5.1.7　木偶剧《三个和尚》剧照

4）场所

扬州市木偶剧团以独特的艺术表演风格而蜚声海内外，是目前中国规模最大、最负盛名的木偶表演艺术团体，曾多次为国家领导人和外国元首进行专场演出,并代表国家文化部和省市政府出访过亚洲、欧洲、拉丁美洲等 40 多个国家和地区。现扬州戏曲园是以建设教学研究、传承保护、制作生产、展示销售为一体的"戏曲园区"。它整合了木偶、扬州评语、扬州清曲、扬州弹词等国家级戏曲曲艺非遗项目(图 5.1.8)。

图 5.1.8 扬州戏曲园

5.2 道骨仙风

扬州道情——《扬州消夏竹枝词》:"张生不至红娘恼,瞎子先生唱道情"。

起

道情源于唐朝道教经韵,最初的道情称道歌,保存于道教科仪和斋醮之中,也被传道者用作宣传教义及募捐化缘的工具。道情在中国南北曾经十分流行。南方的道情后来发展成说唱,北方的道情后来演变为戏曲。扬州作为南方城市,一直流行着道情。徐珂《清稗类钞》说:"道情,乐歌词之类,亦谓之黄冠体。盖本道士所歌,为离尘绝俗之语者。今俚俗之鼓儿词,亦谓之唱道情,江浙、河南多有之,以男子为多。"在江浙一带,扬州是道情最流行的城市之一。

道教音乐于明代传入扬州，由道士口传心授而世代传承。因道教醮仪必有音乐，道观早晚朝也常招来邻里众人院外立听或于夏季礼请邻里入院纳凉静听，道教音乐迅速传入民间。民间艺人欣赏道情曲调优美，给人以清雅、高亢、清风徐徐之感，纷纷学习效仿，并走乡串户演唱，藉以谋生。于是，道情逐步演化为扬州民间曲艺的一个种类。

承

至清代，道情与扬州方言相结合，同时又吸收了苏北地区民歌小调以及扬州清曲、扬州弹词等诸多元素，独立于道教歌曲之外，形成扬州地方曲种之一的扬州道情。它系南方诗赞体道情的一个分支，其音乐继承了道教音乐的精粹，又吸收了苏北地区民歌小调，委婉而活泼，旋律简练朴实，富有乡土气息。演出分为流动演出与书场演出。流动演出以说唱短篇为主，书场演出多说唱中、长篇，多数书目系由弹词改编。

古代文人大多喜听道情，他们的喜爱和介入使道情的文化品位得到进一步提升。清雍正七年（1729年），"扬州八怪"之一郑板桥为扬州道情填词十首，以通俗、精炼的语言分叙渔、樵、耕、读、僧、道、丐、艺各行人物生活和历史变迁。这一有说有唱、文彩极佳的曲目流传甚广。200多年来，江淮各地道情艺人世代传唱，至今不绝，以至扬州道情一度也曾被称为"板桥道情"。

1) 传承人

郑板桥

郑板桥于1725年始作道情，37岁时完成了《道情》十首初稿，几经修改，51岁时方付梓，刻者为板桥先生好友司徒文膏，历时14年，定名《小唱》。郑板桥创作的《道情》十首，使得道情曲在南方，尤其在江苏淮扬地区风靡一时（图5.2.1）。

图 5.2.1　郑板桥像

2）技艺

清代之后，道情逐渐与扬州方言结合，并吸收了周边地区的一些民间小调以及扬州本地的清曲和弹词等元素。道情演唱方式简单，艺人怀抱长长的、蒙着鼓皮的道筒，手持两片三、四尺长的简板（拍板）。竹片不紧不慢地打节奏，艺人忽紧忽慢地手拍道筒。

3）作品

板桥道情

"枫叶芦花并客舟，烟波江上使人愁。劝君更进一杯酒，昨日少年今白头。"

"沙鸥点点清波远，荻港萧萧白昼寒，高歌一曲斜阳晚。"

"桥边日出犹酣睡，山外斜阳已早归，残杯冷炙饶滋味。"

4）场所

当时道情的表演场地不固定，艺人一般处于流动表演的状态（图5.2.2）。

图 5.2.2 流动演出道情的艺人

转

20世纪50年代，扬州道情于苏北地区极为繁盛，常年活跃在城乡演唱的职业道情艺人，多达600人以上。但随着现代音乐元素的传播以及其他社会因素的影响，扬州道情又迅速走向低谷。在当时，扬州能熟练演唱者已寥寥无几，许多独有的曲目也散佚难寻，亟待抢救。

合

从20世纪90年代末开始，扬州道情的生存环境得到了很大程度的提高。以"梅花奖"得主李政成领军，包括葛瑞莲、孙爱民、陈俊、赵紫君、王瑞茹、周斌、张卓南、游庆芳、龚莉莉等作为文化使者随政府代表团出国出境交流演出获得了巨大的成功。2000年，前国家主席江泽民陪同法国总统希拉克来扬州访问。"扬剧王子"李政成为招待贵宾即席演唱了一首扬州道情《老渔翁》，博得宾主交口称赞。令兴致正浓的江主席高兴地走上台来，接过渔鼓和简板，情不自禁地演示一番，一度在古城传为佳话。

1）传承人

李政成

国家一级演员，由于出生在梨园之家，从小就受到艺术熏陶，后又得益于许多老师的教诲和指导。其中有扬剧表演艺术家姚恭林老师，昆剧表演艺术家柯军、黄小午老师，京剧老师岳小亭、周洪武，河北梆子艺术家裴艳玲老师。曾随中国戏剧家协会主办的梅花奖艺术团赴大西北慰问演出，还多次为法国总统希拉克、江泽民、朱镕基、李岚清、吴官正等国内外国家领导人招待演出（图5.2.3）。

孙爱民

国家一级演员，扬州市扬剧团当家花旦。多次参加市政府重大招待演出，曾为江泽民同志演出《五女拜寿》片段。2008年5月随扬州市政府代表团赴日本奈良在百年会馆交流演出《挑女婿》片段（图5.2.4）。

2）作品

珍珠塔

这是一部被道情影响后最终成型的弹词作品。其中《方卿羞姑》一节，主角用道情的形式羞讽其姑，这段戏对势利小人的表达入骨三分，动人心魄，遂盛演不绝（图5.2.5）。

5.2.3 | 5.2.4

图 5.2.3 李政成

图 5.2.4 孙爱民

图 5.2.5 《珍珠塔》剧照

3）场所

扬州市扬剧团是江苏乃至全国具有影响的戏曲表演团体，前身是扬州专区扬剧团，1960 年建团，团部在当时的小红桥附近。1970 年，扬州专区扬剧团与原扬州市人民扬剧团合并，现团址位于扬州市四望亭路 435 号（图 5.2.6）。

图 5.2.6 扬州市扬剧团

五 韵·戏——生旦净丑

5.3 曲尽其妙

5.3.1 扬剧

扬剧——梨园谚语:"千斤话白四两唱,三分唱念七分作。"

起

从南北朝时期开始,扬州一直经济繁荣,人文荟萃。到了清代,特别是乾隆年间,扬州更成了全国戏曲的中心。当时京腔、秦腔、弋阳腔等各地戏曲汇集于扬州,清政府还在扬州设局审查修改全国曲剧,使得扬州地方上参与戏曲活动的人非常多。而扬剧是由扬州、镇江的花鼓戏和香火戏吸收清曲和民歌小调发展而成的剧种。

扬州花鼓是清初就很流行的一种民间表演艺术,最早多由木工、瓦工、铁匠、铜匠、剃头匠(理发)、裁缝等手艺人,逢年过节,玩灯赛会,自愿结合,载歌载舞,自娱自乐。后来,花鼓配上乐曲,表现一定的故事情节,逐步形成花鼓戏。

香火戏则源于古代的"傩",专事驱邪降福,酬神祭鬼。名目有青苗会、牛栏会、长生会、龙王会等,做会的香火又称"童子"。分内外坛,内坛为文香火,坐唱神鬼故事;外坛为武香火,在广场上作爬旗杆、穿火圈、站刀、盘石磙等表演。后来在唱念表演方面有了更高的要求,于广场搭台演唱,这便形成香火戏(又称"大开口")。曾发现清乾隆四十九年(1784年)香火戏手抄本《张郎休妻》,可见香火戏至迟于乾隆年间便已形成。

1)技艺

扬州花鼓戏原为对歌对舞的"打对子",只有一小面(丑)、一包头(旦)两个脚色。后来发展为"三包四面"的群舞,并穿插笑话"打岔"。清康熙年间,民间已有此类花鼓戏演出。而演变成扬剧后,其角色行当虽有生、旦、净、丑的区别,但在唱腔上仍只分男、女腔,各行当的表演艺术多从昆剧、京剧吸收而来,但始终保持了花鼓戏的生活气息和活泼的特色，丑角尤为突出。扬剧一向重视丑角和旦角的表演，一丑一旦的传统剧目很多，从而形成了扬剧特有的喜剧风格

2）作品

张郎休妻

主要讲述古时候有一名叫张郎的书生与一名叫丁香的女子相爱成亲，三年没生孩子。有一日，张郎在洛阳城游玩，看上了烟花女子王海棠，他回家后休了丁香，把王海棠娶到家中。丁香被休后，失魂落魄，路过一座桥时，摔进河中，幸亏上山打柴的范三救了丁香，将其带回家中，终于结为夫妻。

张郎娶了王海棠之后忘乎所以，整天吃喝玩乐，不务正业，后来，因家中失了天火，万贯家财化为灰烬，张郎也被烈火烧得双目失明，被迫流落长街，以讨饭为生。这一日张郎来到丁香家门前要饭，被丁香认了出来，因为张郎双瞎二目，认不得丁香，因用手摸了丁香的长头发和当初的订婚戒指，才知道给自己做饭吃的人就是前妻丁香。因此，引出了一连串曲折而又感人的故事情节，最后张郎羞愧自尽。

承

从清嘉庆、道光以后直至清末民初近百年的发展，扬州的花鼓戏和香火戏逐步形成了具有地方特色和风格的地方戏。扬州城内城外的演出活动频繁，盛极一时。此时的扬州书坛，流派风格纷呈、争奇斗艳、名家辈出。据清戏曲作家李斗于乾隆六十年（1795年）成书的《扬州画舫录》卷十一有关扬州评话的一段记载："评话盛于江南……郡中称绝技者，吴天绪《三国志》，徐广如《东汉》，王德山《水浒记》，高晋公《五美图》，浦天玉《清风闸》，房山年《玉蜻蜓》，曹天衡《善恶图》，顾进章《靖难故事》，邹必显《飞跎全传》，谎陈四《扬州话》，独步一时。近今如王景山，陶景章，王朝干，张破头，谢寿子，陈达三，薛家洪，谌耀廷，倪兆芳，陈天恭，可追武

前人。"[1] 1905年左右，单扬州城内就有花鼓戏班子5个，时称"花鼓小戏"。1915年前后，扬州文明戏一度兴起，花鼓艺人不仅演出古装戏，还演出时装戏，演出足迹达上海、南京、杭州、镇江、汉口、芜湖，甚至还包括重庆、成都、天津等地。扬州花鼓艺人们还在上海创办了"明鸣社""永乐社"等科班，培养艺徒，扬剧表演艺术家高秀英就是"永乐社"的"秀"字辈艺徒。至此扬州花鼓戏进入了一个新的发展阶段，号称"维扬文戏"，又因它主要是以丝弦伴奏，固又名"小开口"。1911年，扬州香火戏也登陆上海。1919年在上海第一次作为专业艺术团体登台演出，到1926年在上海演出的香火戏团体已达13个之多。1932年香火戏正式改名为"维扬大班"。"维扬大班"的演唱曲调高亢激昂，只用打击乐器伴奏，故又名"大开口"。

"维扬文戏"和"维扬大班"各具艺术特色。"维扬文戏"曲调优美、表演细腻，但剧目贫乏；"维扬大班"高亢质朴、豪放动人，且剧目丰富。二者分别拥有自己的著名演员和观众群，但同时各自也存在不足。因此，两支同出于扬州的一对"剧艺兄弟"，很自然地产生了互相学习、取长补短的内在要求。终于在1931年，扬州香火戏和花鼓戏艺人在上海聚宝楼共同演出了剧目《十美图》，是"扬剧"的前身——"扬州戏"亦名"维扬戏"形成的一个时代标志。

1）传承人

潘喜云

扬剧奠基人之一，出生于"香火"世家，自幼随父潘正玉学戏。16岁起，先后师从郑朝恒、郝余洲学艺，刻苦钻研，勤学苦练，遂成"大开口"名角。民国十年（1921年），潘喜云与朱天福、崔少华等在上海"喜云酒楼"演出，潘喜云领班主演的《魏征斩龙》《斩经堂》《扫松下书》《千里送京娘》等戏均别具一格，台风酷似京剧名角周信芳（上海麒麟童），被观众誉为"苏北麒麟童"。20世纪30年代初期，为使维扬大班（"大开口"）和维扬文戏（"小开口"）之间消除门户之见，

---

[1] 李斗撰，汪北平，雨公点校.扬州画舫录.中华书局，1960.

促进联合,做了大量工作,促成扬剧男女合演,"大开口"和"小开口"同台的新局面(图5.3.1)。

潘玉兰

艺名筱玉兰,扬剧名旦,出身于木匠家庭。12岁进上海永乐社学戏,为该社第二批学员,师承"小开口"艺人董世耀、尹弼瑞和陆怀仁。民国十七年(1928年)潘玉兰与新新社的新玉贞、新巧贞等应邀到上海维扬大舞台,与"大开口"著名演员潘喜云、陈红桃、崔少华、王秀卿等同台演出(图5.3.2)。

崔少华

原名瞧长荣,江苏仪征人。25岁时下肢瘫痪,为香火戏艺人抄写神书,因而熟悉了香火戏唱本。28岁病愈后,随师傅许长华,在仪征、六合山村演出"大开口"。20世纪20年代,与潘喜云、卞忠发、朱天福、刘捷三等,在上海方浜路齐云楼茶馆演出,成为"大开口"中最早走上舞台的演员之一(图5.3.3)。

5.3.1 | 5.3.2 | 5.3.3

图5.3.1 潘喜云

图5.3.2 潘玉兰

图5.3.3 崔少华

2)作品

魏征斩龙

讲述了泾河老龙因违抗玉帝旨意,错施雨量,造成长安城人民惨遭水灾，魏征奉命将其斩为 7 截的故事（图 5.3.4）。

图 5.3.4　《魏征斩龙》剧照

转

中华人民共和国成立后，"扬州戏"正式定名为扬剧。1950 年，第一个有史以来由国家举办的扬剧艺术团体——苏北实验扬剧团成立，无论唱腔表演，还是剧目整理创作等方面都驶入了一个新的历史时期。扬州、镇江、南京以及安徽省天长、来安、滁县等地纷纷成立扬剧专业剧团，并进行了一系列的改革。1954 年，华东六省一市共 35 个剧种参加了华东区戏曲观摩演出大会，在大会上分别代表江苏省和上海市参加的扬剧艺人高秀英、顾玉君演出了观摩剧目《鸿雁传书》《偷诗》，同时获得一等奖；1956 年成立江苏省戏曲训练班时，专门设立了扬剧队，培养了第一批由国家训练的扬剧演艺人员；1957 年，江苏省第一届戏曲汇演举行，金运贵、高秀英等获一等奖；1958 年，由华素琴、高玉英、王秀兰主演的《百岁挂帅》由上海海燕电影制片厂拍摄成戏曲艺术纪录片，后来此剧被改编为由梅兰芳主演的京剧《穆桂英挂帅》；1959年，扬州建立扬剧艺术学校，并逐年招收学员，后来许多人都成了扬剧舞台上的艺术骨干。江苏省扬剧团以《百岁挂帅》《挑女婿》等经过改编整理的扬剧传统剧目赴京演出，在北京戏剧界引起了轰动，并受到周恩来总理的盛赞，把扬剧的复兴推向了高潮；1962年春，在南京举行了江苏省扬剧流派大汇演，同时成立了江苏省扬剧协会。同年秋天，由王鸿等创演了扬剧现代戏《夺印》，后被很多剧种移植演出，并被改编拍成同名电影。

但是随着"文革"的到来，和所有文艺团体一样，扬剧无不例外地遭到了摧残，戏班被解散，戏曲的创新遭到阻拦，扬剧良好的发展势头戛然而止。

1) 传承人

房竹君

淮安人，扬剧名旦。1934年从艺，工文武花旦。早年主演的文戏有《孔雀东南飞》和《荆钗记》，特别是《虹霓关》一剧中，首次在扬剧舞台上扎大靠、踩高跷上台演出。20世纪50年代初，她又与上海扬剧演员顾玉君合作，将扬剧《上金山》推上银幕，开扬剧拍电影之先河（图5.3.5）。

华素琴

著名扬剧表演艺术家。7岁起在上海学习扬剧，初习娃娃生。由于天资聪慧，16岁便在上海崭露头角，并逐渐成为挑梁演员。她的表演细腻传神，尤善运用眼神。此外，她还主动向京昆的武行老师请教，移植了一批京剧武戏，并创演了扬剧武戏剧目，从而逐渐改变扬剧舞台不演武戏的现象（图5.3.6）。

2) 作品

上金山

中国著名神话剧《白蛇传》中的一段，讲述的是白娘子和许仙结为夫妇后，代表封建统治阶级的法海，屡次设法破坏他们的爱情和幸福。这一天，许仙外出为人看病，很晚不见回来；白娘子在家殷切盼望，坐立不安。忽然，小青回家报信，说许仙已被法海骗上金山当了和尚，再也不回来了（图5.3.7）。

五 韵·戏——生旦净丑

5.3.5 | 5.3.6

图 5.3.5　房竹君

图 5.3.6　华素琴

百岁挂帅

　　讲述的是宋仁宗年间，西夏王文进犯三关，三关主帅杨宗保中箭身亡。正在庆祝宗保 50 大寿的杨家众女将悲痛万分，但仍以国仇家恨为重，百岁高龄的佘太君亲自挂帅，率杨家 12 寡妇及重孙杨文广出征杀敌。太君布下灭敌妙计，激战中文广将王文劈死马下，报了国仇家恨，胜利还朝（图 5.3.8）。

5.3.7 | 5.3.8

图 5.3.7　《上金山》剧照

图 5.3.8　《百岁挂帅》剧照

合

1976年，扬剧重获新生，"文革"中解散的剧团都陆续恢复。改革开放后，扬剧有了新的发展，创作演出了众多的如《皮九辣子》《血冤》《王昭君》《史可法》等优秀剧目。如今，扬剧拥有了包括获得"梅花奖""金唱片奖"等的演员，拥有在省内外享有很高知名度的一批优秀编剧。1984年，江苏省扬剧艺术研究会在扬州成立。1985年，培养扬剧人才的扬州市戏剧学校挂牌招生。

扬剧演员还曾为法国总统希拉克、朝鲜金日成总书记等外国要人作过专场演出。扬剧以其浓郁的地方特色和艺术魅力，赢得了人们的喜爱和自身的地位。至此，扬剧步入了一个新的发展时期。

1）传承人

汪琴

著名扬剧表演艺术家，国家级"非遗"代表性传承人，中国戏剧家协会会员，中国戏曲表演家学会理事，国家一级演员，享受国务院特殊津贴。其代表作品有《审土地》《夺印》《皮九辣子》等（图5.3.9）。

姚恭林

国家非物质文化遗产传承人。他的唱腔宗"金派"，抒情性强，吐字清晰，行腔圆润，有扬剧金派"第一小生"之美誉（图5.3.10）。

5.3.9 | 5.3.10
图 5.3.9　汪琴
图 5.3.10　姚恭林

2）技艺

扬剧艺术在长期传承和发展中，得到公认的流派有三个，即金派、高派和华派。金派由生角女演员金运贵创立，于20世纪40年代前后形成并风靡一时。其唱腔在原曲调格式中独创以全新旋律，以音域幅度小、字多腔短，似平非平，明快如诉为特色，所唱《梳妆台》《补缸》《数板》《哭小郎》等诸曲均贯穿同一风格，被称为"金调"或"自由调"。高派为旦角演员高秀英建立，其演唱音域幅度大，吐字清晰，健朗、亮丽，常从高处下行，具倾诉感。华派为旦角演员华素琴所创，吸入众家（包括外剧种）之长，人物表演细腻，唱腔华丽大方，戏路更为宽广。

3）作品

皮九辣子

1989年，由扬州市扬剧团编演的大型现代扬剧《皮九辣子》呱呱坠地，描述的是一位农民不断上访的故事。以喜剧外壳表现悲剧内涵，探讨了官场风气对普通老百姓的影响，引人深思（图5.3.11）。

夺印

夺印讲述的是1960年春天苏北里下河地区某人民公社小陈庄生产大队的故事。这个队的领导权——印把子已经被反革命分子陈景宜所篡夺，大队长陈广清做了敌人的一把挡风遮日的保护伞，而党支部书记何文要在这样的环境下挫败他们的阴谋（图5.3.12）。

5.3.11 | 5.3.12

图5.3.11 《皮九辣子》剧照
图5.3.12 《夺印》剧照

5.3.2 扬州评话

扬州评话——《扬州竹枝词》："书词到处说隋唐，好汉英雄各一方。"

起

扬州评话有文字记载的可考历史，是近四百余年前的事。明清两代的扬州，是盐漕运输的枢纽，商业发达的城市，又是重要的行政中心。伴随经济发展和市民娱乐需求的增长，各种形式的曲艺演出逐渐增多，争奇斗艳。明末清初，杰出说书家柳敬亭以其高超的语言艺术成为评话的典范，被评话艺人称为祖师爷。他所说的《隋唐》《水浒》等书词，成为扬州评话的传统书目，他的艺术成就对扬州评话自成体系形成独特艺术风格有着深刻的影响。清代初年，扬州评话日臻成熟，乾隆年间有些艺人根据自己的生活体验加工充实传统书词，有些艺人则创编新的书目。如屡试不第后成为评话艺人的叶霜林，把自己的遭遇和激愤心情寄于《岳传》书词中；浦琳根据自己的生活经历编说《清风闸》，塑造了以皮九辣子为代表的社会底层人物；艺人邹必显独创新书《飞跎全传》，讽刺嘲笑的矛头直指统治阶级中的显赫人物。他们编创的新书目，在一定程度上反映了受压迫者的心声，丰富了评话的内容。在此期间，扬州评话开始初具规模。

图 5.3.13 柳敬亭

1）传承人

柳敬亭

原姓曹，名永昌，字葵宇，号逢春，明末清初著名评话艺术家（图 5.3.13）。

叶霜林

清乾隆时扬州评话名家。本名永福，字英多。16 岁时入县学，曾三次赴乡试，均未中举。乃更名英，号霜林，弃学出游，数年后学成说评话归乡。

浦琳

字天玉，约清仁宗嘉庆中前后在世。右手短而捩，称"秘子"。以各说部皆人所熟闻，乃以己所历之境假名皮五，撰为"清风闸"故事，养气定辞，审音辨物，揣摩一时亡命小家妇女口吻气息，闻者欢咳噱，进而毛发尽悚，遂成绝技。

2) 技艺

清代是现代曲种的生成和转换期，说书艺术以区域为划分依据，形成了两大体系——南方评话和北方评书。南方评话从形式上分为两支，一支以扬州评话为中心，包括苏州评话、南京评话和杭州评话；另外一支是独具特色的福州评话。它们皆受柳敬亭的直接影响，可视为柳派评话的嫡传。

3) 作品

清风闸

又名《如意君传清风闸》，是清代的一本小说，作者浦琳。该书主要讲述了宋仁宗时浙江台州有一木行商孙大理携妻及女儿在途中的一系列经历。

飞砣全传

该作品既是评话书目，亦是一部小说。共四卷三十二回，篇幅不长，民间口头文学的气息十分浓厚。在这本书中，扬州方言的地域词汇、俗语、谚语、歇后语等运用自如，文风粗犷而生动活泼。故事主人公石信（字不透）因背上长了一块呆肉且脚跛，被人称作"跳砣子"。他为治病上山求取仙方，一路历尽种种人情世态。最终，他学成绝技，背生双翅，以"飞砣子"身份下山抵御蛮寇，使儒释道三教和解，天下归于太平，并被朝廷封为"砣王"。

其他作品

有《隋唐》《水浒》《岳传》等。

4) 场所

董伟业在《扬州竹枝词》里写道："书场到处说隋唐，好汉英雄各一方；诸葛花园疏理道，弥陀寺巷斗鸡场。"可知扬州城书场与评话的关系密切,《扬州画舫录》中记录了"大东门书场"的情况后又说"各门街巷皆有之",更可见书场之多（图 5.3.14）。

图 5.3.14　书场中说评话的艺人

承

咸丰至民国前期，扬州评话出现新的高峰期，说书地域扩展到乡镇，说书艺人达到二三百人。单是同说《三国》《水浒》的艺人，就将近百人之多。演说同一书目的艺人增多，也促进了表演艺术的革新，因而出现了不同的风格和流派，使评话艺术的光辉传统得以继承和发扬。如咸丰年间有金国灿说《平妖传》、龚午亭说《清风闸》、邓光斗和宋承章说《水浒》、李国辉、蓝玉春及康国华说《三国》以及邓明阳的《八窍珠》、王坤山的《绿牡丹》等。从晚清至民国，著名的评话艺人有王少堂、康又华、刘春山、戴善章、朱德春、郎照星、仲松岩等人，他们都在继承前辈艺术的基础上发挥个人特长，创立了富有特色和新意的表演流派。

1）传承人

邓光斗

清代扬州评话名艺人，道光及咸丰年间在世。扬州评话邓门《水浒》的始祖。

五 韵·戏——生旦净丑

戴善章

原名戴元，扬州评话艺人。以演说《西汉》《西厢记》《西游记》闻名于世，自称"三西居士"，人誉之为"三西才子"。

王少堂

评话艺术家。名德庄，又名熙和，艺名少堂。伯父金章、父玉堂均为扬州评话艺人，擅说武（松）、宋（江）、石（秀）、卢（俊义）4个"十回"。

康又华

原名文荃，艺名亦作"幼华"，扬州评话名演员。"康派《三国》"创始人康国华之子。他向师兄陈九华和吴少良学艺，得以全盘继承其父所创的"康派书艺"，并在发音吐字、传神会意方面有所发展。

2）技艺

扬州书坛竞争激烈，艺人为吸引更多的听众，力求与他人拉开不同。同是说一部书，如《三国》《水浒》《绿牡丹》等，也以不同的细节、不同的表现手法形成各树一帜的艺术流派和师承关系。如《水浒》这部书，邓光斗与宋承章就自具一格，各有千秋。邓光斗以"跳打《水浒》"出名，他说《武松》每一路拳法，每一个身段，都有交待。而宋承章的《水浒》则以"口风泼辣"见长，另有一套完整的表演程式。又比如，李国辉和蓝玉春都说《三国》，但一个文说，一个武说；一个文雅清秀、干净利落，一个如净瓶倒水、一气呵成，由此形成对比鲜明的李派《三国》和蓝派《三国》。

3）作品

在此期间又产生了一些以历史故事或是民间传说为基础的评话，如《八窍珠》《西汉》《西游记》《绿牡丹》等。

转

中华人民共和国成立以来，扬州评话步入了一个全盛时期，扬州市政府组建了以扬州评话为主体的扬州市曲艺团。20世纪60年代初期，扬州人民广播电台定时转播王少堂说的《武松》，每逢播出时间，城乡之间几乎万人空巷，其口头文学也由著名教授孙龙父和文化处处长张青萍联袂整理成文学巨著，发行量达百万册，王少堂也当选为中国曲艺家协会副主席。此外，一批评话艺术家还创作出《林海雪原》《江姐》等新书，受到了听众的热烈欢迎。更可喜的是，在老一辈艺术家的精心培育下，李信堂、惠兆龙等一代新人在扬州书坛开始崭露头角。但至"文革"时，扬州评话与大多数曲艺文化一样饱受摧残，发展停滞。

1）传承人

孙龙父

名字行，号赤城居士、弄斧等，任苏北师范专科学校（今扬州师范学院）教师。教学之余，曾与孙家讯、陈达祚等人整理出版了王少堂扬州评话《武松》《宋江》等作品（图 5.3.15）。

李信堂

13 岁随父亲李洪章学艺，又同王建章、王少堂学艺，为王派水浒传人之一，得到表演艺术评话大师王少堂艺术之真髓。演讲《水浒》和《杨香武》，名誉大江南北（图 5.3.16）。

5.3.15 | 5.3.16

图 5.3.15　孙龙父

图 5.3.16　李信堂

2）作品

《林海雪原》

根据曲波同名小说改编。该小说描述了东北民主联军一支小分队，在团参谋长少剑波的率领下，侦察英雄杨子荣与威虎山座山雕匪帮斗智斗勇，深入林海雪原执行剿匪任务的故事。

此外还有讲述革命烈士江竹筠被捕后坚贞不屈，直至壮烈牺牲故事的《江姐》等作品。

合

十年"文革"结束后，扬州评话逐步摆脱了阴影，重新恢复了活力。20世纪80年代惠兆龙的《挺进苏北》选段和杨明坤《广陵禁烟记》选段，分别获得全国曲艺大赛创作和表演一等奖，并获得省政府嘉奖。

1）传承人

惠兆龙

1961年考入扬州市曲艺团，启蒙于王少堂，工《水浒》，1977年开始创演《陈毅》系列评话。进入新世纪后，惠兆龙先生获得了全国曲艺最高奖"牡丹奖"。

其他传人有杨明坤、马伟等人（图5.3.17）。

图 5.3.17　惠兆龙

2）技艺

扬州评话的基本特征是应用扬州方言进行"说"与"表"相结合的舞台艺术，"说"指演员对场景和事件的描述，"表"指演员模仿人物的语言，表演多为一人，配以一桌一扇一醒木，主要艺术手段有"口、手、身、步、神"。高超的表演完全创造出"满场风雷吼，全凭一张口"的艺术境界。扬州评话的语体分"官白"（又称"说"），"私白"（又称"表"）两类。

官白

官白用于区别和表现角色，摹拟不同地区不同人物的语言（按角色的具体特点设计）。

私白

私白是扬州方言，用于叙事，表达人物的内心活动，夹评夹议。此外，评话艺人还非常讲究语言技巧和"码头话"（即"倒口"）口技的运用，精益求精地苦练说功。

3）作品

挺进苏北

该作讲述的是为了坚持抗战，反对投降，新四军江南指挥部奉命率领所属主力部队挺进苏北，执行开辟苏北、发展华中的战略任务。经过五次战斗，赢得了以黄桥为中心的战役决战的胜利，并实现了新四军与八路军的胜利会师，奠定了苏北抗日民主根据地的基础，打开了华中抗战的新局面的故事（图5.3.18）。

广陵禁烟记

新编扬州评话《广陵禁烟记》叙述的是"七七事变"前，扬州的一场禁烟事件。扬州江都县新任县长麻震江相信了蒋介石"新生活运动"的骗局，在扬州认真禁烟。家住扬州的国民党中央委员汪伯龄假意支持，借麻震江之手除掉上海青帮贩毒集团在当地的代理人班兴，进而迫使麻震江就范，独霸扬州贩毒市场。扬州中学师生孙志文等在共产党领导下，就此发动各界群众开展了声势浩大的要求抗日救国、反对贪官污吏借禁烟营私舞弊的示威斗争的故事（图5.3.19）。

5.3.18 | 5.3.19

图 5.3.18　《挺进苏北》剧本

图 5.3.19　《广陵禁烟记》剧本

5.3.3　扬州清曲

扬州清曲——《扬州》："千家养女先教曲，十里栽花算种田。"

起

扬州清曲又称广陵清曲、扬州小曲、扬州小唱、扬州小调等，孕育于元代，元散曲是其形成的渊源。元代夏廷芝《青楼集》有记载："维扬名妓李芝仪，工小唱，尤善慢词。"

承

扬州清曲始于元，成于明，盛于清。明人沈德符《顾曲杂言》中谈到传统俗曲流行情况时说："嘉、隆间，兴闹五更'寄生草''罗江怨''桐城歌''哭皇天'之属，自两淮以至江南。"而与此同时，余姚腔等戏曲声腔也流行于扬州，徐渭《南词叙录》说："称余姚腔者，出于会稽、常、润、池、太、扬、徐用之。"明代人卓珂月说："我明诗让唐、词让宋、曲让元，庶几《吴歌》《挂枝儿》《罗江怨》《银绞丝》之类，为我明一绝耳。"《吴歌》和《挂枝儿》皆为明代流行俗曲，而《挂枝儿》《罗江怨》《银绞丝》至今仍是清曲常用曲调。结合了俗曲、戏曲的精华，明代的扬州清曲迅速成熟。

清代，扬州清曲已进入一个全盛时期。清胡彦颖《乐府传声序》载："自元以来，有北曲，有南曲。南曲习于南耳，故视北曲尤为盛行。然明之中叶以后，于南曲刻意求之，别为'清曲'，渐非元人之旧。"清代乾隆年间，李斗在其所著的《扬州画舫录》一书中，对当时扬州清曲的演出盛况有一段详细的记载："小唱以琵琶、弦子、月琴、檀板合动而歌。有于苏州虎丘唱是调者，苏人奇之，听者数百人。"表明当时扬州清曲已流传到很多地方，在当时的昆曲发源地苏州就受到了听众的欢迎。

1）传承人

自元人夏廷芝《青楼集》中已有维扬名妓李芝仪"工小唱，尤善慢词"记载，可依史据作为最早的传承者，以至像黎殿臣、牟七、陈景贤、潘五道士、朱三、郑玉本等人，仅在清乾隆年间李斗的《扬州画舫录》中稍有记述，而从清代嘉庆至咸丰近60年间的几辈人，均已湮没无考。

钟培贤

字希伯，外号"钟麻子"。扬州清曲著名艺人。晚清秀才，早年教过私塾，因酷爱清曲而弃教从艺。

黎子云

扬州清曲名家，幼年在估衣店学徒，爱唱清曲，后从师张诚甫。艺成，长于"窄口"，嗓音尖、甜、脆、媚。演唱时吐字清晰，行腔婉柔，节奏稳准，韵味醇厚，自成"黎派"。

2）技艺

扬州清曲的曲目丰富，超出500种以上。曲词内容大致包含了反映社会生活、描写男女爱情、敷演历史故事、讲述寓言神话、歌咏风景事物等几个方面。扬州清曲作品里，充分反映出广大民众在各个时代所具有的世界观，表现扬州人民大众的生活情调、生活方式和道德

五 韵·戏——生旦净丑

观念,表达扬州人自己的爱憎,乃至对不同事物、不同人生的扬抑与褒贬。曲词用扬州地方语言,无卷舌音,并有阴、阳、上、去、入五声。唱词的句式多为七字或十字句,但字数可增可减,句数随不同的曲牌而定,少则两句,多则十数句,有的将一句分为两个短句。有些曲词的句尾常有"呀""哎"等助词或叹词,句中或句与句间还常有"那个""口奄""口奄呀"等衬字或衬句。有的一韵到底,有的偶句押韵。

3) 作品

耍孩儿

在扬州的流传,可以追溯到元代。元代扬州人睢景臣在他的散曲《高祖还乡》中,已用《耍孩儿》之曲。

粉红莲

一名《四大景》《八段景》《小小鱼儿》,明代已流行于扬州。

鲜花调

又名《茉莉花》《双叠翠》。清代中叶,《鲜花调》已在扬州舞台流行,乾隆年间戏曲集《缀白裘》中有《鲜花调》曲调。清代中后期,逐渐衍化成各种不同的唱法。

转

中华人民共和国成立初期,所有扬州清曲艺术名家,均已相继去世。一支重要的师资队伍丧失殆尽,能够传授清曲技艺的艺人已寥寥无几。

20世纪60年代初,扬州市曲艺团曾招收10多名学员,经过老艺人施教,均能独立演出。后因"文革",曲艺团解体,学员和老艺人全部转业或下放。"文革"后,虽复建曲艺团,但扬州清曲已无一名正式演员。近年来,扬州虽有极少数年轻人学唱扬州清曲,但毕竟缺乏正规手段,加之学习的成员流动性大,兴趣也不稳定,因而渐趋冷落。

1) 传承人

王万青

扬州清曲演员。20岁入局,正式学唱,主要是自学,先唱"阔口",

后偶以"窄口"试唱,同辈叫好,遂改唱"窄口"。常与钟培贤、石宝明、裴福康等同台演唱。他在唱腔上主要师承张诚甫,唱法上多就教于黎子云、钟培贤,兼学其他清曲演唱者艺术之长。还注意聆听各色民间艺人以及商贩叫卖、和尚念经的发音和腔调,从中汲取所长。经过多年刻苦磨练,逐渐形成独树一帜的"王派"艺术风格(图5.3.20)。

李仁珍

江苏扬州市人,曲艺家。1960年考进扬州市曲艺团,幼时家贫自学成才,学过扬州评话、清曲,因嗓音条件好,专习扬州弹词,不久载誉书坛,是一位说、表、弹、唱俱佳的演员,被人们誉为"弹词皇后""广陵绝唱"。初试锋芒敢和王少堂同台演出,王老送她一个雅号——李大胆(图5.3.21)!

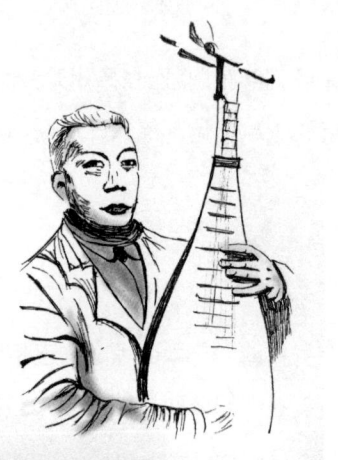 

5.3.20 | 5.3.21

图 5.3.20　王万青

图 5.3.21　李仁珍

2) 技艺

扬州清曲的音乐属曲牌体,其演出形式为"坐唱"。其表现形态分两种类型,即"阔口"(用本嗓,为生或丑角)和"窄口"(用假嗓,为旦角),以区别清唱艺人在曲目演唱中的角色性别之分。其运用声音的多种发音技巧,甚至包括艺人坐唱时的方位、姿态、手执伴奏器乐等行规,都具有中国古老曲艺的特色。传统的扬州清曲,凡演唱者,不论人数多寡，必须每人操一种乐器，这种"手口相应"的表现技巧，体现了扬州清曲这一古典曲艺的传统美学特征，也体现了中国曲艺独有的外部艺术特征。

合

进入 20 世纪 80 年代，上海、江苏地区的文艺部门重新召集了清曲爱好者开展有组织的自娱演艺活动。

由于缺乏长期完整的扬州清曲表演计划，自 1999 年以来，扬州市扬州清曲研究室、扬州曲艺之友社开始计划全面搜集扬州清曲的曲目、演出照片、录音、录像，加强扬州清曲艺术的复兴工作，适时举办相关的艺术活动。

1）**传承人**

包伟

国家一级演员，两届中国"曲艺牡丹奖"获得者，江苏省非遗项目扬州弹词代表性传承人（图 5.3.22）。

图 5.3.22　包伟

2）**表演场地**

扬州大剧院

扬州大剧院是为第六届中国艺术节而新建的大型剧场，是一座以歌舞、戏曲和音乐为主并有会议、放映、接待、娱乐等功能的综合性大型演出场所（图 5.3.23）。

花局里

花局里位于扬州古城东区,南依"双东"历史街区之东关街,西邻中国四大名园之个园,北临盐阜路工艺美术一条街,东接古运河风光带及宋大城东门遗址,它坐落于名城腹地、环绕古今佳胜,是弹词的一个重要表演场地(图 5.3.24)。

3)作品

赤壁鏖兵

主要讲述三国时期赤壁之战,吴国诸将正一筹莫展时,诸葛亮手写药方一纸,上书"欲破曹公,宜用火攻,万事皆备,只欠东风",而后诸葛亮用奇门遁甲之术借东风的故事。

图 5.3.23　扬州大剧院外景

图 5.3.24　花局里戏台

六 韵·美——巧夺天工

6.1 跃然纸上

扬州剪纸——郭沫若《剪画选胜》记载:"曾见北国之窗花,其味天真而浑厚。今见南方之剪纸,玲珑剔透得未有。一剪之巧夺神工,美在民间永不朽。"

起

"汉妃抱娃窗前耍,巧剪桐叶照窗纱。"扬州民间剪纸最早可追溯至汉代,伴随着民俗生活而生,当时以"非纸剪纸"的艺术形式存在。直至魏晋南北朝时期,纸张才得以应用于普通百姓。西晋时期傅咸《燕赋》记载:"彼应运而方臻,乃设燕以迎止。"意为立春之时,人们会用彩绸剪燕作头饰,表达对新春的美好期盼。

隋朝出现真正的剪纸。隋代杜台卿《玉烛宝典》:"立春日,俗间悉剪彩为燕子,置之檐楹,亦戴。贴宜春之字——七日为人日,家家剪彩或镂金箔为人,以贴屏风,亦戴之头鬓。"

唐代,扬州造纸业兴盛,促进剪纸艺术的发展。"剪纸迎春"习俗进一步发展,唐代段成式《酉阳杂俎》:"立春日……剪纸为小幡，或悬于佳人之首，或缀于花下，又剪为春蝶、春钱、春胜以戏之。"

技艺

金银平托（汉）

即金银箔片剪成镂空的装饰纹样贴在漆器、铜器表面，然后上漆磨光制作成器物。

镂金作胜（唐）

即用金银箔或丝帛剪刻成花样，剪成几何形者为"方胜"，剪成花草形者为"华胜"，剪成人形者为"人胜"，以贴于物品上，戴之于头鬓间，赠之与亲友，称为"彩胜"。李商隐《人日即事》"镂金作胜传荆俗，剪彩为人起晋风"，就是指的这类剪刻技艺。

承

宋代《唐宋遗记》载："江淮南北，五月五日钗头彩胜之制备极奇巧，凡以缯绡剪制艾叶，或攒绣仙佛、禽鸟、鱼虫、百兽之形，八宝群花之类……色色逼真，名曰'豆娘'。"

清代，康熙和乾隆多次"巡幸"，扬州出现空前的繁华，剪纸亦发展到了登峰造极的地步，出现了诸多的门神、窗花、屏风、衣袖花等日常生活实用剪纸。嘉庆和道光年间，卖花样的店铺多达二十家，可见扬州剪纸艺术欣欣向荣的发展局面。

1) 传承人

包壮行

明代崇祯年间扬州著名剪纸艺人，字穉修，号石圃老人，擅长灯彩、剪纸、书画，能用沙绸剪裁后，制作成奇石、树木、车马等灯彩，他所制作的灯被称为"包家灯"。沈机的《包灯行》和乾隆的《包灯诗》便是对其的赞美。

包钧

清代道光年间江苏扬州人，最善剪书画，称为奇技，所剪山水、人物、花鸟、草虫，无不入妙。清代诗人陈文述在《画林新咏》中作诗称赞他"剪画聪明胜剪花，飞翔花鸟泳苹鱼。任他二月春风好，剪出垂柳恐不如。"

张万国

清代嘉庆年间扬州著名剪纸人，擅长剪龙，所剪之龙神态生动，被誉为"剪龙高手"，育有四子四女，他传子又传媳，传女又传婿，先后共有子女孙辈近三十人以剪纸为生。

2）技艺

翰墨剪纸

将色纱剪裁、拼贴、糊裱做成花草树木、人物车马、亭台楼阁等装饰在宫灯上，图案典雅、色调丰富，极具装饰性，使扬州剪纸从民俗剪纸走向翰墨剪纸。

扬州花样（张万国）

扬州刺绣与扬州剪纸融合，生成的一种风格独特的剪纸艺术形式。

剪画（包钧）

将剪纸、书法、绘画和印章融为一体，推动扬州剪纸向艺术型剪纸发展，向中国文人绘画的形式靠拢。

3）作品

麒麟送子

张氏为剪纸世家，延至张永寿已是第五代。第一代和第二代名字已无考，但从第三代张万国起便脉络清晰了。据张万国对其家人口述，他（张万国）的祖父也是职业剪家，父亲张酉，善剪龙，所剪之龙，形态生动，被誉为"剪龙高手"，在苏州曾为太平军的军官剪过头巾、官服、彩旗等绣品的"花样子"。张万国从小就热爱剪纸，和姐姐一道继承了父业。今存张万国姐弟作品数幅，分别为《桃花》《风筝》《牧童》和《鹤鹿》，另有张万国剪纸《麒麟送子》和倪氏剪纸《狮子盘绣球》，这些剪纸柔娜飘逸，纤细秀美，风格凸显其间（图6.1.1、图6.1.2）。

6.1.1 | 6.1.2

图 6.1.1　张万国《麒麟送子》
图 6.1.2　张金盛《喜见红梅》

转

清末、民国时期，工业生产逐渐代替手工生产，加之半封建半殖民地的黑暗统治和战争不断，我国传统手工艺遭受摧残，扬州商城市井剪纸行帮遭到破坏，艺人流离失所，扬州剪纸开始走向下坡路，日益衰落。

合

1955年，成立了民间工艺社（现为扬州工艺厂），把民间流散的艺人组织起来。2006年，扬州剪纸已有一千多种，销售至几十个国家和地区，为国内外文化艺术交流做出了贡献。

1）传承人

张永寿

清代嘉庆年间扬州著名剪纸人张万国是其曾祖父。郭沫若写诗赞誉："扬州艺人张永寿，剪出百花齐放来。请看剪下出春秋，顿使东风遍九垓。"1979年，张永寿被国家授予"中国工艺美术大师"称号。日本朋友称誉他为"人间国宝"。

张慕莉

江苏省工艺美术大师，张永寿之女。作品多次在各种形式的展览和大赛中获奖。其代表作：《梅》《花鸟小品》《禅意》《古瓶》

《百骏图》等。

李烈烽

扬州市工艺美术大师,代表作:《百鹤图》《琼花芍药图》《东方伊甸园》《八龙四虎》《龙腾九洲》等400多种。2003年至2004年经13个月呕心沥血之作,大幅剪纸作品《云海寺壁画》创造了剪纸史上的奇迹。

2)技艺

圆、尖、线、方、缺(张永寿)

圆处如秋月,皎洁明亮;尖处似麦芒,纤细戳手;线处比美须,飘拂自如;方处若城砖,有棱有角;缺处赛利齿,凹凸利落。

蚕食法和中间突破法(李烈烽)

突破传统剪纸所受尺寸的限制而意象全开。

3)场所

扬州东关街上的剪纸商铺都非常受游客和本地居民的喜爱,李烈烽大师经常会在他的剪纸铺中长坐,与慕名前来的游客亲切交谈(图6.1.3、图6.1.4)。

6.1.3 | 6.1.4

图 6.1.3 扬州剪纸商铺
图 6.1.4 李烈烽剪纸铺

4)作品

百菊图(张永寿)

是张永寿多年剪菊的艺术结晶,共101幅。从整体来看,该作品

图 6.1.5　张永寿《百菊图》

是一部引人入胜的皇皇画卷,千姿百态,斗艳争妍。从每一幅看,在统一和谐的韵律中,又各自有着章法上的变化。那"麒麟角"顿角峥嵘,昂扬可喜;那"紫松针"锋芒毕露,俏拨可佳;"醉红妆"如美人酒后,不胜娇羞;"芙蓉面"似出水芙蕖,分外妩媚。展现在我们眼前的"百菊",花枝招展,笑靥迎人。作家鲍昌题诗礼赞《百菊图》:"雨折霜摧何所妨?寒英吐艳傲秋光。张翁运剪成神艺,纸上常存晚节香。"(图 6.1.5)

百子图(张慕莉)

打破扬州剪纸单一的手法,采用套色的表现形式,使作品更加清秀明快。

6.2　含苞欲放

扬州通草花[1]——孔尚任《像生菊花歌》记载:"庄生庄生果绝技,颠倒花侯窃天意。"

起

扬州工艺花制作技艺始于隋唐。唐代许嵩《建康实录》记载:晋惠帝"令宫人插五色通草花",这是人造工艺花用于装饰最早的记录。苏轼《四花相似说》记载:"荼蘼花似通草花,桃花似蜡花,海棠似绢花,罂粟花似纸花。"不同的花朵有不同的质感,极言当时的人造花和自然花已难分伯仲。

扬州工艺花制作有着非常悠久的历史。古代扬州经济发达,文化

---

[1] 通草,即中药材通草片,产于云贵高原,尤以贵州为多。它质地柔软,绵薄多孔,光色洁白,富有韧性,用来制作工艺花有比较理想的质感,如染色得当,可以经久不衰。

繁荣,城乡仕女均喜装饰,以戴花为美。宋人王观《芍药谱》云:"扬人无贵贱皆戴花。"民间节日和寺庙里也常以各种工艺花为装饰。因此,扬州制花业在民间植根尤深,发展迅猛,成为全国工艺花的制作中心和集散地之一。

清初,扬州首创"通草花"[1]。李斗《扬州画舫录》有关重宁寺佛殿装饰中记述道:"……四边饰金玉沉香为罩,芝兰涂壁,菌屑藻井,上垂百花苞蒂,皆辕门桥象生肆中所制通草花、绢蜡花、纸花之类,象散花道场。"《红楼梦》中描写元妃省亲的场景:"上面柳杏诸树虽无花叶,然皆用通草绸绫纸绢依势作成,粘于枝上的,每一株悬灯数盏。"

1)技艺

扬州通草花,亦在清代流传。当时普遍工艺简单,品种甚少,主要是妇女的头戴花,也有用来插在人们祝寿时的寿桃上面象征吉兆的花,还有在姑娘出嫁时放置在妆套上作为喜庆装饰的花。其间,通草花的成品形态发生了三次重要变化,标志着制作工艺的不断衍变和进化。

喜花

初为"喜花"。其制作非常简单,即将通草染成红色,然后切成两片并粘贴在一起,下片约4厘米见方,上片略小一些,再于上片中央贴上金纸,喜花便做成了。

头戴通草花

再为"头戴通草花"。是在传统的头戴花中夹进一、二片通草花片,或粘上一朵造型简单的通草花。这时的通草制花已形成初步花型。

通草瓶花

后为"通草瓶花"。用通草制成各式花卉,再配以其他材料制成的茎和叶,模仿真花形状,束成花枝,插入花瓶中,以供欣赏。

---

[1] 扬州通草花是以通草为原料,经漂白、裱草片、染色、捏瓣、做叶子、传干子、栽盆、装镜框(挂屏产品)、整理等多道工艺流程制作而成的一种特色工艺品。

2）作品

像生花挂屏

除上文提及的喜花、头戴通草花、通草瓶花外，清代，偶见通草花的高端制品出现。康熙年间，名艺人庄生，为两淮盐政官衙制作通草像生盆景，被孔尚任赞为天工。乾隆年间，两淮盐政伊龄阿和普福等向朝廷进贡的物品清单中有"像生花挂屏"。可惜的是这种用通草制作盆景、挂屏的特殊技艺只为少数人掌握，因难度太大而不能普及，自清乾隆年代以后便失传。

3）场所

万花春花店

清初扬州制花店铺和作坊林立，目前可考证的就有万花春、吉祥春和万祥春等数十家之多。其中以万花春为最早，也最有名。万花春花店始创于清嘉庆五年（1800年），宣统三年（1911年）达到鼎盛，员工达140余人，拥有技工40人，全年销售量120万支。

转

民国年间，扬州制花工艺日渐凋零，解放前夕曾一度中断。解放后，手工艺人重操旧业，制花工艺走向新生，先组织了生产合作社，后发展为扬州制花厂，通草花便同绒花、绢花、银丝花、纸拉花等工艺花共处一堂，相互媲美，扬芳吐艳，齐放光彩。

合

1）传承人

钱宏才

著名通草花艺人，是我国通草立体盆景和通草挂屏的创始人，毕生创作了《胭脂上翠》《盛世之裔》和《不似春光胜似春光》等一批通草花经典作品，尤以制作通草菊花著称于世，被誉为"扬州三绝

（菊）"[1]之一。

钱宏仁

自幼酷爱通草花艺术，深得家父钱德云和长兄钱宏才的嫡传。从艺20余年来，为通草花的传承做出了较大贡献，作品多次参加国家和省、市展出并获奖。代表作有《琼花》《红白双梅》《梅花》《樱花》和《菊花》。2006年被授予"扬州市工艺美术大师"称号。

戴春富

1958年起进入扬州制花厂从事通草花制作，师承钱宏才大师，工艺美术师。曾与钱宏才大师共同制作了大量通草花作品，并独自首创了"拉花"工艺。其代表作《菊花》《琼花》和《五针松》等大型盆景多件，2006年被授予"扬州市工艺美术大师"称号。

2）技艺

通草花制作精细入微。先从一个一个花瓣做起，花瓣要长短相适，卷曲有序，一枝大花往往需数百花瓣精心粘制而成。花叶要茎纹细致、清晰生动，一般采用几套模具并用，才能出真。有的花叶还刻划了虫蛀的痕迹，残迹斑斑，更具自然、真实之感。染色要求浓淡相宜，鲜艳有度，光泽既不能太暗，又不能太亮，要恰到好处。为了表现残叶要落不落、似枯非枯的情景，染色要自然而富有层次，光照作用与新陈代谢的机理都凸显其表，淋漓尽致。"捏、捻、搓"是通草花制作的绝技。看似简单的操作工序，被艺人们运用得出神入化，相同的动作，捏搓出形状各异的花瓣和枝叶，全凭艺人心中的感觉和手下的功夫。以往制作花叶、茎纹均采用模制法，而后来的通草花大师们竟能完全靠手工成型，且一根毛刺、一根倒钩也能表现得栩栩如生（图6.2.1）。

3）作品

不是春光胜似春光（挂屏）

1972年，戴春富和钱宏才，又以著名扬州女画家吴砚耕的画作为样稿，研制出一幅半立体浮雕式的通草菊花挂屏《不是春光胜似春光》，

---

[1] 著名通草花艺人钱宏才的通草菊与前辈艺人张永寿的剪菊、女画师吴砚耕的画菊并称为"扬州三菊"而闻名中外。

以多种品种和形态各异的昂扬盛开的菊花组成了生机勃勃的优美画面，使通草花制作技艺达到一个全新的境界。

图 6.2.1　通草琼花挂屏

6.3　昆山片玉

扬州玉雕——《书经·禹贡篇》中载："扬州贡瑶琨。"

起

扬州是我国玉器的主要产区，琢玉工艺源远流长。1977 年在扬州蜀冈发现新石器时代的石器、陶器、玉器等以及氏族公共墓葬 60 多处，证明在夏代时的扬州一带已有了玉器制作工艺。

由于千里运河的开凿，唐代扬州经济繁荣、百业兴旺。扬州琢玉随着手工业的兴盛而有新的发展。贵族豪门用玉件装饰楼阁，即所谓"雕栏玉户"。唐僖宗时，盐铁使高骈在扬州建有"御楼"，用金玉制作蟠龙蹩凤数十万件，装饰其中，并将多年搜刮的扬州玉器珠宝数万件献给朝廷。根据杜牧所作《扬州三首》诗中的"金络擎雕去，鸾环拾翠来"和"纤腰间长袖，玉佩杂繁缨"等描绘，就可见一斑。同时扬州玉器和琢玉技艺也陆续对外交流：唐天宝十二年（753 年），大明寺高僧鉴真从扬州东渡日本，不仅带有玉环、水晶手幡、玳瑁叠子等玉器，还带琢玉师、髹漆师、绣师和画师等随行，对日本天平时代艺术的发展起了重大的作用。

作品

宜子孙（东汉）

螭凤纹璧形佩，质为和阗玉，双圈璧形，璧内两边置双螭，中轴的出廓，顶部置"宜"字，"子孙"二字置于圈内上下位置。采用透雕、浮雕、阴线刻等技法雕饰。整体造型独特、生动，雕琢精细，玲珑剔透，为广陵东汉玉器的杰作。

白玉蝉（西汉）

选用和阗上等白玉雕琢而成。其造型准确，写实性强。采用"汉八刀"琢雕手法，线条凝练挺拔，推磨技巧颇见功底，蝉身光洁，光可鉴人。无论玉质，还是琢工和抛光均属众多汉蝉中的稀见品，被中外专家学者称之为"蝉王"（图6.3.1）。

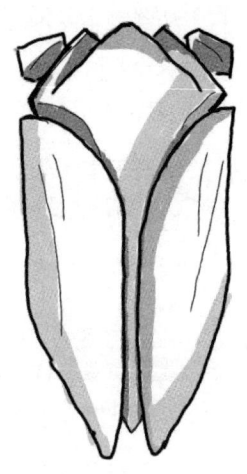

图6.3.1 扬州玉雕"汉八刀"白玉蝉

承

宋、元、明时代，扬州玉器已向陈列品方面发展，花鸟、炉瓶等品种日益丰富，造型和琢磨艺术水平大为提高。清代，扬州玉雕可以说诸品齐备，艺术水平空前提高，尤其是乾隆年间，扬州玉雕进入全盛时期，两淮盐政在扬州建隆寺设玉局，大量承办宫廷玉器，并按岁例向朝廷进贡，扬州成为全国玉材主要集散地和玉器主要生产制作中心之一。据清《南巡记实》二十四卷记载，乾隆四十九年（1784年），由两淮盐政全德奏禀，经军机大臣闵鹗元查实，其前任盐运使伊龄阿于癸卯冬和甲辰春两次用于购买玉器贡品的欠款银达六十万两之巨。从上可见，当时扬州玉器生产之盛和品种齐备。

1）传承人

喇耀先，回族人，曾于民国初年在旌忠寺一带开过作坊，擅长做鼻烟壶和仿古，继承傅春华技术，尤以烧汉玉、做色和仿古为绝技，惜其技未传。其烟壶作品底部均刻有"仿古月轩"款，人称"古月轩烟壶"，现扬州博物馆尚有珍藏。

2）技艺

链条技艺（宋）

从器物本身取材琢制缕缕相连的小圈组成的链条称为链子活，即现在所称的链条工艺。

3）作品

玲珑玉塔（宋）

塔玉雪白，绝无饭绺瑕疵。高七寸，作七级，其制六面，面面有栏，栏内佛像，螺髻眉目毕现。塔顶有连小索，系诸顶层六角，绝不紊乱，所言鬼斧神工莫能过之。据清代学者谢坤所著《春草堂集》一书记载，他曾在扬州康山江氏家亲眼见过宋代扬州所制的玉塔："宋制玲珑玉塔，塔玉雪白……塔顶有连环小索，系诸顶层六角，绝不紊乱，所言鬼斧神工莫能过是。"（图6.3.2）

大禹治水图

为新疆密勒塔山所产青白玉，重约一万零七百多斤，做成后高224厘米，为世界玉器之王。据考证，从来玉到制成，共用十余年时间，其中在扬州琢制为时6年，用工达15万个，耗费百银一万五千余两。这件玉山构图宏伟，气势磅礴，人物山水风景如画，堪称稀世珍品，是中国玉器的象征（图6.3.3）。

六 韵·美——巧夺天工

6.3.2 | 6.3.3

图 6.3.2　扬州玉雕"玲珑玉塔"

图 6.3.3　扬州玉雕"大禹治水图"

转

1840 年鸦片战争以后，上海被辟为商埠，清朝社会经济逐年衰退，扬州玉工开始流向上海和香港等地，为外商服务或受雇于作坊，扬州琢玉业亦随之衰弱。

合

现代的扬州玉器，全面继承和发展了传统优良技艺。艺师们在实践中坚持遵循"量料取材，因材施艺"的琢磨工艺规律，结合时代的要求，不断提高"相玉"能力及雕琢技艺。

1）传承人

董正通

民国时期玉器制作大师，1964 年 4 月，作为创始人之一成立扬州玉器厂，负责设计兼质量总检验工作，擅长玉器有炉瓶、人物、走兽等传统造型和巧石利用，技艺高深全面。其代表作品有巧石岫玉"鹤顶红"、碧玉"山水插牌"和"圆明园塔"等。产品造型章法严谨，仿古兽类造型古朴，既保持玉雕的剔透，又体现扬州玉器秀丽典雅的风格特色。1972年他领衔设计制作的白玉"宝塔炉"在1973年全国玉雕行业评比会上被誉为"龙眼"。1987年该作品参加全国工艺美术品展览后，被国家列为珍品，收藏在中国工艺美术馆。

汪德海

首届中国玉雕艺术大师，江苏省工艺美术大师，省级非物质文化遗产代表性传承人，师从中国工艺美术大师顾永骏，擅长各种款型的玉器设计与制作，特别是在山子雕的设计和雕刻技法方面，有着极高的造诣。往往体现其崇尚自然、天人合一的人生哲学。其代表作品有"霄汉回翔""女娲补天""拜月图""蓬莱仙境"等。

2）技艺

扬州玉雕创造性地将阴线刻[1]、深浮雕[2]、浅浮雕[3]、立体圆雕[4]、镂空雕[5]等多种技法融于一体，形成了"浑厚、圆润、儒雅、灵秀、精巧"的基本特征，扬州玉雕不但构图新颖、造型优美、做工精致，而且尤以"山子雕"[6]及"练子活"技艺独具一格，其中半立体浮雕工艺的碧玉插牌浅刻浮雕"凤立桐荫"和碧玉插牌深刻浮雕"龙飞凤舞"是扬州玉雕艺人精湛的技艺代表。

3）作品

五行塔

采取玉塔建筑群形式，五塔以玉链相连，浑然一体，配以香炉、对狮、玉片和红木台座，整个造型刚柔并济、气势磅礴。1986年被国家作为珍品收藏。

内练薄胎双瓶

是链子活中的一件杰作，要从双瓶体内"起出"一根几十节细圈的长长链条，其难度非同一般。先从玉料上"起出"瓶口外的练条部分，

---

[1] 即在石面上直接用阴线条勾勒出图像。
[2] 也叫高浮雕，指所雕刻的图案花纹高凸出底面的刻法。高浮雕也可理解为一种下刀较深的平面阴刻，广义上说也是深刻浮雕或深刻透雕。
[3] 与高浮雕相对应的一种浮雕技法，所雕刻的图案和花纹浅浅地凸出底面。
[4] 是指非压缩的，可以多方位、多角度欣赏的三维立体技法。
[5] 在浮雕的基础上，镂空其背景部分。
[6] 玉雕摆件工艺中的一种，创作保留了鹅卵石形状的天然外形，以各种人物和诗词典故为内容，施以山水花草、飞禽走兽，用多种雕刻技法雕刻出的玉器。

使每节细圈活络以后延伸入瓶内,同双瓶体内的"多肉"部分相连而琢成马鞍形链条,提出瓶口吊挂而成。其精细之程度,令人产生巧夺天工之联想,无怪乎全国同行业专家们见到此瓶,欣赏备至,赞为"新、奇、绝"之作,在玉器链子活中开拓了一个新的境界。

螳螂白菜

根据玉石原料的外形,结合破形留神的原理,设计白菜造型,并通过舒卷自如,柔中含刚的片叶,体现出温馨而怡然的田园神韵。制作工艺上,采用圆雕和镂空雕相结合,突出白菜的圆润,昆虫的灵巧,而翡翠巧色的运用更增添了艺术的感染力。获 2004 年第五届中国工艺美术大师作品暨工艺美术精品博览会特等奖(图 6.3.4)。

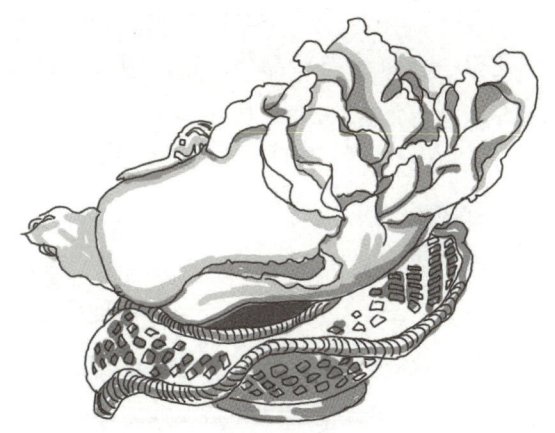

图 6.3.4　扬州玉雕《螳螂白菜》

6.4　描龙刺凤

扬州刺绣——滕潜《凤归云二首》:"五陵公子怜文彩,画与佳人刺绣衣。"

起

扬州刺绣源于秦汉,至今已有 2000 多年的历史。班固《两都赋》记载:公元前 195 年,汉高祖刘邦封其侄刘濞为吴王,建都扬州时,宫室"屋不呈材,墙不露形,裹以藻绣,络以纶连。",可见当时王宫的墙壁上挂有华丽的绣品,刺绣的繁荣由此可知。

推至魏晋南北朝时期,刺绣开始为宗教服务。现存《刺绣佛像供养人》残片:四女一男供养人,均穿胡服,身旁各绣名款。

隋朝,随着运河开凿通航,隋炀帝三次游幸扬州,扬州由此大兴土木,建筑多处离宫别馆,装饰极尽华丽奢侈,宫妃才女衣饰锦绣,宫廷旌帐什物皆用绣品,故有"广陵实佳丽,隋季此为京"之说。

唐时,据《通典·卷六》中记述,扬州每年向唐王朝进贡的丝织品和精致袍服有"蕃客锦袍五十领、锦被五十张、半臂锦百段、新加锦袍二百领"等,由此可见扬州刺绣业已很发达。《扬州工艺美术志》之日本《唐鉴真过海大师东征传》中记载,扬州高僧鉴真从唐天宝二年[1]开始的历次东渡,随行者中均有扬州的琢玉、髹漆、雕刻、刺绣等艺师,并带有许多绣品[2],极大地促进了中日之间的文化交往,为传播华夏文明做出了重要贡献。

1)技艺

辫子股针法

锁绣的俗称。由绣线环圈锁套而成,绣纹效果似一根锁链,故名。因其外观呈辫子形,故俗称"辫子股针"。绣法:第一针在纹样的根端起针,落针于起针近旁,落针时将线兜成圈形。第二针在线圈中间起针,两针之间距离约半市分,随即将第一个圈拉紧,以后类推。锁绣现适宜绣制枕套、围嘴和拖鞋等。

2)作品

西汉广陵王刘胥夫人考古刺绣品

1980年,在扬州西北高邮天山出土的西汉广陵王刘胥夫人墓中发现了刺绣品,这是近期见到的扬州最早刺绣实物。绣品采用辫子股针法,运针、用线颇为细致,至今犹焕发光。其基本针法在扬绣中仍被广泛运用,由此可见,2000多年前的扬州刺绣技艺已达相当水准(实物现存于南京博物院)。

---

[1] 即743年。
[2] 其中有功德绣普集变一铺、阿弥陀如来像一铺、千手像一铺、救世观世音像一铺等,这是我国刺绣艺术早期对外交流的史实。

六 韵·美——巧夺天工

承

宋代刺绣艺术已达到"无施不巧"之境。扬州刺绣也从唐代的绣佛像等转向绣书画[1],从实用性向观赏性发展,并出现了尤为称颂的双面绣。

明代,宫廷与官服五色缤纷、描龙绣凤的需求大大促进了扬州刺绣工艺的发展。彼时,扬州刺绣以色彩鲜明、题材丰富、做工精细、品种繁多而同著名的苏州刺绣和当时崛起的上海露香园顾绣在国内同行中呈三足鼎立之势,相映交辉。

康乾盛世,宫廷对扬州刺绣则更为注视,扬州刺绣被清廷指定为贡品。中国第一历史档案馆清宫档案载:"有各种缎绣龙袍龙褂 12 袭、各种中小件刺绣如香球、香袋、迎手、榻垫、靠褥、插屏等共 60 多件(对)。"其中乾隆三十六年(1771 年)十一月初八两淮盐政李质颖和乾隆五十四年(1789 年)八月初五两淮盐政金德进贡的三蓝缎绣洋线九龙袍、绣石青缎四团洋金龙褂等龙袍、龙褂就有 10 袭。

1) 技艺

双面绣(宋)

因两面皆可观赏而尤为奇特,其妙在于同一块底料上、同一个刺绣过程中,绣出正反面图案完全一致的作品。因两面观赏只能用垂直刺绣法绣制,不刺破反面绣线,针迹排列齐整,不能相互重叠,任何线头线结的处理均藏针迹于下一步之中。

2) 场所

扬州"彩衣街"

彩衣街位于江苏省扬州市广陵区。清康乾年间,随着南北商贾来扬经商,各类绣货店应运而生,城乡绣工达万余人,历二三百年而不衰。扬州辕门桥至教场街一带,为绣货店比较集中的地方,其中延续时间最长的有张开泰绣货店、源盛昌绣货店、惠永昌绣货店、童松绣货店和丽新绣货店等。"彩衣街"因集中经营诸色锦绣衣衫及各式绣品而得名(图 6.4.1)。

---

[1] 当时有闲阶层、文人墨客倡导琴棋书画,寄情花鸟鱼虫,对扬州的人文艺术以至审美情趣的转移产生很大推移作用。扬州刺绣受其影响,以此为题材的绣品逐渐增多,这一时期的扬州刺绣向着精致化的方向发展。

图 6.4.1　扬州彩衣街

3）作品

文人绣（明）

据《宋史·职官志》载，宋徽宗曾设绣画专科，宫中文绣院掌篡绣，倡导以刺绣再现古画风采，谓之"绣画"。明人张应文《清秘藏》载："宋人之绣，针线细密，用绒止一二丝，用针如发细者为之，设色精妙，光彩射目。山水分远近之趣，楼阁待深邃之体，人物具瞻眺生动之情，花鸟极绰约谗唼之态。佳者较画更胜，望之，三趣悉备，十指春风，盖至此乎！"宋绣设色丰富，针线细密，融会书画神韵，形成了独特的艺术观赏性，写意绣的雏形也由此出现。

闺阁绣（明清）

明清时期，扬州漕运发达，成为盐商的聚集地。富贾人家的大家闺秀除了琴棋书画自娱自乐、陶冶性情外，"闺阁绣"也是她们修身养性的一门必修课。除城镇女子善绣外，乡村妇女也皆仿效，民间俗称"女红"。

据清人邓之诚《骨董琐记》载："广陵余氏女子韫珠，年甫笄。工仿宋绣，绣仙佛人物，曲尽其妙，不啻针神。曾为阮亭绣神女、洛神和浣纱诸图，又为王西樵作须菩提像，皆极工。"又有"卢元素，字净香，其先长白人，能诗工画，尤善绣，有针神之曰。曾宾谷转运维扬,芍药开并蒂三花,遍征题咏,净香绣三朵花图,并绣已作和章于上。与句容骆佩香齐名,时号卢骆。"清人朱启钤《女红传征略》中云:"高邮王瑗(琼),进士李炳旦妻,幼通经史,工书画,尤精发绣观音,尝为亲疾发愿,以绢素绣璎珞大士像,拆一发为四,精细入神,不见针线迹,宛如绘画,观者叹为绝技。"故有"广陵女子善绣"之说。

民俗绣(清)

清康乾年间,扬州民间刺绣品种繁多、用途广泛。有服饰类的衣裙、旗袍、鞋面、儿童衣帽绣品等,有门帘、帐幔、床帷、被面、枕套等室内生活用品绣等。题材也是多样化,饱含吉祥如意的民俗意味,寄托了人民群众对理想的追求和审美的情趣。随着扬州"剪花样的"剪纸业的兴起和发展,扬州民间刺绣愈发渗透到生活的各个方面。据《续修江都县志》载,清末扬州一位庆容女士刺绣的帐沿和桌围,曾在1910年南洋劝业赛上获奖。

转

民国年间,由于印花丝绸布匹大量问世,许多刺绣衣衫被取代,人们的审美观念和消费水平有较大变化,刺绣业逐步衰退,至解放前夕,仅剩专业绣户22家共24人[1]。

合

随着时代的发展,多种门类的工艺由装饰型向艺术型发展,扬州刺绣艺术也在承继传统的基础上不断追求着符合时代审美需求的作品,刺绣工艺再次得以继承和发展。

1)传承人

陈淑仪

首届扬州市工艺美术大师,高级工艺师,出身名门,幼时研习针

---

[1] 引自1954年扬州手工业科《工艺美术行业情况调查》。

线女红,后拜师学艺,刺绣技艺造诣颇深,是扬州仿古绣和水墨写意绣的主要奠基者之一。其长期从事"扬绣"生产一线的艺术总指导工作,培养了大批扬绣人才。陈淑仪大师现仅存的几幅刺绣遗作针法细腻严谨,人物刻画传神,受到了业内人士的广泛好评。

陆树娴

首届扬州市工艺美术大师,长期从事扬州仿古绣和写意绣的创作和研究,是仿古写意绣的创始人之一,为培养扬绣人才做出了贡献。她总结了一套独特的刺绣针法,尤其擅长刺绣"扬州八怪"作品,采用"施针""散套针"和"乱针"等多种针法糅合使用的技艺手法,着力表现原作的笔墨精神,为扬绣的传承及创新发展做出了积极的贡献。她除了传统的扬州刺绣技艺功力深厚、技艺精湛外,对扬州已经失传的发绣技艺也颇为精通。她于1958年绣制的发绣作品《贝叶蚱蜢》,用"槟榔"针法绣制,清雅娟秀、惟妙惟肖,为目前扬州唯一的发绣作品。1979年绣制而成的《麻姑献寿》一致被业内人士看好,著名学者冯骥才先生称陆树娴为国宝级人物(图6.4.2)。

图6.4.2 扬绣大师陆树娴

吴晓平

江苏省工艺美术大师,江苏省刺绣专业委员会委员,扬州刺绣界中青年的领军人物,师从陈淑仪大师精心学艺,擅长绣制仿古山水双面绣及水墨写意绣,从事刺绣事业30余年。其针法潇洒自如,用线准确严谨,代表作有《千崖竞秀》、双面绣地屏《蓬莱仙境》、仿古山水绣《行旅图》和《华岳高秋》(图6.4.3)。

图6.4.3 扬绣大师吴晓平

2) 技艺

水墨写意绣

水墨写意绣是扬绣大师陆树娴所创,融绣理与画理为一炉,原汁原味地保留水墨写意画的笔墨意趣,享有"针画"之美誉,在绣坛独树一帜。该技艺强调绣师的悟性,将才艺与感悟糅合在一起,即所谓"心线神针"。追求"精、雅、和、顺、匀、活、透、洁"特点。劈丝精细、针法缜密,谓之"精";名人名作、画面清雅,谓之"雅";色泽调和、浓淡相宜,谓之"和";丝缕和顺、转折自然,谓之"顺";皮头均匀、疏密得当,谓之"匀";技法灵活、针法活泼,谓之"活";虚实结合、空灵透晰,谓之"透";绣面光洁、服贴如画,谓之"洁"。

3) 场所

1957年由扬州中百公司筹组、召集散居民间的刺绣艺人,先后成立了探花刺绣合作组和康山刺绣合作组等。1958年扬州漆器玉石社将探花等刺绣合作组吸收进厂,成立手绣车间。1959年市手工业联社将手绣车间与全市其他散居刺绣艺人一并召集成立刺绣专业企业——扬州绣品厂(扬州绣品时装总厂前身),拥有员工108人。

4）作品

八怪精粹（双面绣屏风）

以清代"扬州八怪"的画作为创作题材，选自以郑板桥为代表的八位著名画师的优秀作品，经再创作，由六位绣师历经一年有余的精心绣制，将其笔墨写意的原作逼真地再现于刺绣作品之中。整个作品针法细腻，丝理缜密、气势恢宏、古朴精美。2006年获中国工艺美术大师精品博览会银奖（图6.4.4）。

图6.4.4 双面绣屏风《八怪精粹》

麻姑献寿（单面绣）

扬州"水墨写意绣"的经典之作，题材取自于扬州八怪之一黄慎得意之作，由扬州市首届工艺美术大师、仿古写意绣的创始人之一陆树娴大师耗时长达20余年制成。作品绣制精湛、针法清秀活泼、丝理缜密柔润、虚实自然、运色和雅，充分表现了原画中的干湿浓淡及笔墨神韵，达到了绣、画融于一体的境界，是一幅精品中的精品，受到了各级专家及各界人士的广泛赞誉。

6.5 精雕细刻

扬州竹刻[1]——《赠黄汉侯》:"骨扇才长五寸强,劳君铁笔镌文章,双千蚊足龙蛇舞,绝技于今独擅扬。"

起

扬州竹刻艺术起源于西汉早期,代表作品为竹刻《山水古柏图》。

1) 技艺

分层浮雕技法

以"山水古柏图"为例,山体层层递减进行深刻,每座山边缘再用刀斜面刻化,追求刀法的多变。山体转折面的表现,增加了山的体积厚重感。松树和野兽的雕刻技法略有高浮雕和圆雕的技法,且每个形象运用细腻生动的刀法来表现各自的结构,使之产生立体感、空间感和高远感。从这种浮雕技法分析,画稿非刻者自为之不可,因浮雕件只能先将最高一层画好,以后刻到某层,再画某层,也就是随铲、随画、随刻之法。可想而知该竹刻的刻工非兼擅绘画不能胜任也。从表现技法看,这堪称目前我国最早竹刻器中,雕刻技法最精湛且不可多得、弥足珍藏的孤品,开创了我国竹刻实物保存至今的实例。

2) 作品

山水古柏图

2004年,扬州杨庙镇刘毋智西汉墓出土竹刻艺术品实物"山水古柏图",长16.3厘米,宽7.3厘米,厚1厘米,呈圆弧形,一端有凸形榫接头,另一端为竹节,层次丰富、图案精美、技法娴熟。经考证,竹刻"山水古柏图"是目前国内发现的最早、保存的最好且由扬州人雕刻的艺术品实物(图6.5.1)。

---

[1] 竹刻是指一种以刀在竹上刻字作画的艺术。

图 6.5.1　西汉竹刻《山水古柏图》残饰件

承

清代扬州是全国盐业漕运的中心，加之两淮盐运司设于此，扬州呈现出"衣服屋宇，穷极华靡，饮食器具，备求工巧，俳优伎乐，恒歌酣舞；宴会嬉游，殆无虚日，金钱珠贝，视同泥沙……"盐商奢侈的消费观和高档的生活方式，客观上促进了扬州竹刻艺术的全面发展。清康乾年间，竹子被文人们赋予了"虚而直"的品格，扬州的竹刻艺术进入了收获期。同时代的扬州竹刻艺术家把"八怪"[1]的画作搬到了普通的竹节和竹根之上，经过一番雕琢之后，化腐朽为神奇，竹子成为令人喜爱的竹刻艺术品。清乾隆年间，扬州成为会集和盛产竹刻名家的城市。

1）传承人

竹刻名家们或以字见长，或以画突出，各显其妙，盛誉一时。所属竹刻艺术品无不精雕细刻，凸显出清代扬州和近代扬州雕刻名流的斐然文采。

潘西凤

字桐冈，侨居扬州。精于刻竹，以浅刻见长。其作品存世量很少，目前所知寥寥无几，有"竹刻菊花臂搁""道人图臂搁""秋声赋笔筒""蔡

---

[1] 清康熙中期至乾隆末年活跃于扬州地区的一批风格相近的书画家总称，美术史上也常称其为"扬州画派"。较为公认指：金农、郑燮、黄慎、李鱓、李方膺、汪士慎、罗聘、高翔。

嘉绘人物紫檀笔筒"等。郑板桥称其技艺为濮仲谦之后金陵派竹刻第一人。

吴熙载

字让之,本是师承邓石如的皖派金石名家,兼工书法和花卉。《扬州文化志》载:"吴让之为晚清三大金石家[1]之首。"他制以四口刀刻字,圆口刀刻小字,刻画面线条用圆柱刀、斜口刀,刻远山云雾用鲫鱼背刀和括刀等,把书法、绘画的布局、用笔等基本技法运用到刻制过程中,使雕刻品呈现书画艺术之美。

于啸轩

名于硕,以高超的微刻技艺闻名于世。《清稗类钞》记载:"江都于啸轩目光精炯过人,方寸之中,能刻万字,至阔扇骨,能刻三十行。"《芜城怀旧录》卷三载:"吾乡以铁笔著称者,首推于啸轩,能于方寸牙牌中刻《道德经》全文,其技为独得之秘,无能出其右。"

黄汉侯

民国时期的扬州浅刻家,以神韵取胜。他不但能在细微处上追于啸轩,而且可贵在于所刻之字与所临之书无不一致,其浓淡粗细均能得其神韵。黄汉侯曾镌刻苏东坡体《金刚经》扇骨赠章太炎,章太炎极为赞赏,当即书"以小见大,鬼斧神工"八字见赠。著名的园艺家和作家周瘦鹃看到黄汉侯的竹刻作品,写诗誉之为:"如细蚊足浑难辨,信手拈来字字工。最是苏黄字体好,银钩铁画一般同。"

2) 技艺

竹刻技艺分雕、刻两种,雕有皮雕、根雕;刻有浅刻、深刻之分。

咸丰以后,扬州著名书法家、画家、印家吴让之以刀代笔,参与竹刻艺术,他将金石、书法和绘画等多种艺术技巧熔铸于刻竹之中,创造了新刀具、新刻法,开创了扬州竹刻特定的浅刻技艺,其法如在纸绢上书画,极具文人气息,在江淮间流传甚广,逐渐形成了以浅刻见长的具有扬州地方特色的竹刻艺术。

---

[1] 另外两位为赵之谦、吴昌硕。

3）作品

吴让之竹刻扇骨

上宽 2 厘米，下宽 0.8 厘米，长 20 厘米，刻痕极浅，以手抚之，竟不觉有刻痕，但目视之，则形貌毕现，犹如两幅画意极简而极具文人疏秀气的写意画（图 6.5.2）。

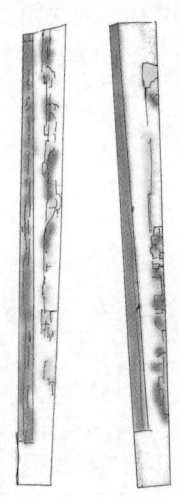

图 6.5.2　扬州博物馆馆藏竹刻扇骨

此外，还有汪士慎竹刻字对和黄慎的《人物抱琴图》等竹刻作品（图 6.5.3、图 6.5.4）。

6.5.3 | 6.5.4

图 6.5.3　汪士慎竹刻字对

图 6.5.4　黄慎《人物抱琴图》

合

现今扬州竹刻艺术进入了一个新的发展时期,竹刻艺术家们以发展的眼光审视竹刻的文化属性与艺术特质,探索竹刻自身发展之路,显现中国传统的美学风格和竹刻艺术品的人文价值。竹刻艺术走进大众生活,挖掘生活之情趣,现代作品文化含量更为丰富,题材更趋广泛,使扬州竹刻更具艺术价值。

1)传承人

张子麟

江都人,民间工艺美术家,尤以浅刻擅长。作品分为唐诗(真、草、隶、篆四体书法)系列、竹刻山水系列,更早的还有"老三篇"等竹刻作品。

高志明

中国工艺美术家协会会员、扬州竹刻省级非遗代表性传承人、扬州市工艺美术大师。16岁拜著名浅刻艺人黄汉侯为师,后师从浅刻艺人吴南敏学艺(图6.5.5)。

图 6.5.5 扬州工艺美术家高志明

2)技艺

清刻

高志明所创,利用刻刀,在竹片或牙板上刻出纤细线条,通过水的变化来展现墨色的深浅,还原原料本色。

3）作品

张子麟竹刻作品

其作品以小而微著称，以刀代笔，在竹筠上挥洒自如，其浓淡粗细均能得其神韵。2005年赴新加坡参加中国民间工艺精品展销会，受到国际友人的好评（图6.5.6）。

高志明竹刻扇骨

作品飘逸清雅，颇得文人意趣。林散之[1]先生对其作品看后欣然写下"扬州高志明浅刻"（图6.5.7）。

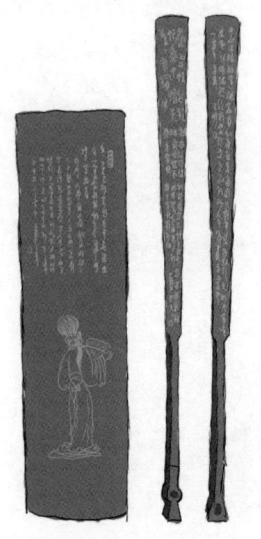
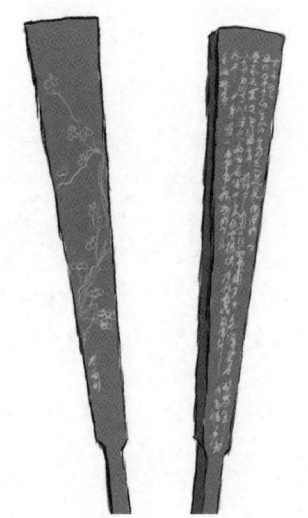

6.5.6 | 6.5.7

图 6.5.6　张子麟竹刻作品

图 6.5.7　高志明竹刻扇骨

6.6　钿螺巧点

扬州漆器髹饰——白居易《素瓶谣》："缀珠陷钿贴云母，五金七宝相玲珑。"

作为扬州漆艺的载体漆器，其品种由髹饰技艺[2]决定。起源于战国，兴旺于汉唐，鼎盛于明清，发展于当代，历经沉浮，它已然成为

---

[1] 林散之，名霖，字散之，号三痴。诗人、书画家，尤擅草书。
[2] 即装饰工艺，《髹饰录》中"髹"意为涂刷，"饰"意为装饰。

扬州地方特色文化中的精品、中华民族文化艺术宝库中一颗璀璨的明珠。2004年9月，扬州漆器被国家质检总局公告实施原产地域保护。

起

据史书记载，扬州漆器在战国时期就具有相当的生产规模和较高的制作水平。诸侯国分立的汉代，扬州漆器生产规模大、范围广、品种多，制作技艺也精湛高超。沿海的地理优势为唐代扬州的手工业注入了新鲜的血液，使扬州漆器得到不断发展，且随着大唐和周边国家频繁的交流活动，漆器技艺得到传播。

汉奇才何平叔《景福殿赋》中记载："列髹彤之绣楣，垂琬琰之文挡""皓皓旰旰，丹彩煌煌"。这一绚丽多姿的漆器工艺，充分反映了我国历代劳动人民的聪明智慧。

1）技艺

彩绘工艺（汉）

多以木胎为主，辅以麻布粗绢，以后再在胎骨上加以瓦灰和霖漆。在用色方面多为内红外黑，并在黑漆上加以朱色彩绘，或在朱色漆底上加以黑色彩绘，彩绘花纹精致大方，线条生动流畅。

镶嵌（唐）

白居易《素瓶谣》："尔不见当今甲第与王宫，织成步障银屏风。缀珠陷钿贴云母，五金七宝相玲珑。"《霍小玉传》（唐）中对犀牛角镶嵌盒子等物件有这样的描写："斑犀钿花盒子，方圆一寸余。"均反映了唐代高超的镶嵌工艺。"广陵实佳丽，隋季此为京""层台出重霄，金碧摩颢清"，反映了唐代扬州的漆绘艺术。

2）作品

漆器圆盘

1967年出土于扬州西湖乡战国墓葬，其以木制卷坯作内胎，髹朱红漆，盘上彩绘云水飞禽的图纹，色彩艳丽清晰，足以彰显出扬州漆器所具备的高超工艺水平，现存于扬州博物馆（图6.6.1）。

三足奁和七子盒（汉）

"奁"是闺房之物，用以装胭脂等物，七子盒即一个大盒内有7只小盒。七子盒为筒状，盖顶呈三道起脊式拱形，内置7只形状各异的子奁盒。全套均内髹朱漆，外髹褐漆，另外用赭色在器表满绘数道云气纹、圆点纹和不规则几何图案纹饰带。盖之顶端均嵌平脱柿蒂纹银箔，大奁盒顶盖及侧面一周用银箔等距镶嵌数只神兽纹装饰（图6.6.2）。

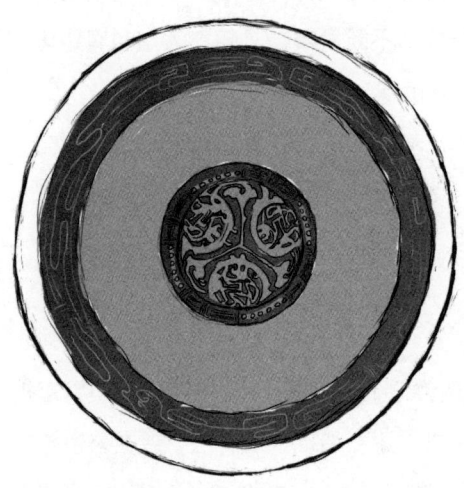

图6.6.1　漆器圆盘

图6.6.2　三足奁和七子盒

日本唐招提寺立像（唐）

现存于日本奈良唐招提寺的"本尊毗卢舍那佛坐像""药师如来立像"和"千手观音菩萨立像"，均为鉴真的弟子扬州兴云寺和尚义静制作的夹胎漆器，现在已经成为日本人的国宝（图6.6.3）。

图6.6.3　日本唐招提寺立像
（从左到右依次为：奈良时代（8世纪）的千手观音、卢舍那佛和平安时代（9世纪）的药师如来）

承

宋代的扬州漆器在继承传统的基础上有了新的发展。元代的扬州成为全国漆器制作中心，漆器作坊林立，品种繁多，规模庞大，雕漆技艺更加精湛。明清时期是扬州漆器的鼎盛时期，当时漆器大家迭起，器物设计精湛。据不完全统计，全市漆器作坊近40家。用漆器命名的街巷即有"漆货巷""罗甸（螺钿）巷""大描金巷""小描金巷"等十余条。

《江都县志》载："宋开宝乙亥至宣和辛丑，先后一百四十七年，贮弓挺直，宛然如新，而胶漆不脱，可谓异矣，此良弓也。"

《平山堂诗集》："螺钿妆成翡翠光，紫霞秋澈婺州香。形神具美真通泰，假寐仍期到梦乡。"

1）传承人

江千里（明）

字秋水，明末清初镶嵌漆器工艺家。善镌嵌螺钿漆器，技艺精湛。阮葵生《茶余客话》记载："江千里治嵌漆……皆名闻朝野，信今后传无疑也。"《扬州府志》记载："康熙初，维扬有士人查二瞻，工平远山水及米家画，人得寸纸尺縑为重。又有江秋水，以螺钿器皿最为精工细巧，席间无不用之。时有一联云：杯盘处处江秋水，卷轴家家查二瞻。"

周翥（明）

又名柱，中国明代漆器工艺家。擅剔红，并创百宝嵌工艺。《春草堂集》记载："(扬州)又有周翥，以漆制屏柜、几案、纯用八（百）宝镶嵌、人物、花鸟颇有精致。"钱咏《履园丛话》载："周制之法，唯扬州有之。明末有周姓始创此法，故名周制。"

卢映之（清）

一名映，江苏扬州人，清代髹漆工艺家。其髹漆技艺精湛，以善制周制有名。诗人袁枚，曾为其所制的都盛盘（盛放各种文具的盘）作铭文"卢叟制器负盛名"。

卢葵生（清）

卢映之之孙，名栋，字葵生，扬州江都人。汪鋆《扬州画苑录》记载："卢栋字葵生，江都人，世以漆玩著名……道光庚戌年卒，年过七十矣。"东南大学张燕教授著作《晚清扬州漆器艺人卢葵生作品见闻录》介绍了其亲身所见卢葵生作品30余件以及从文献中查找到的数件。

2）技艺

雕漆（宋）

雕漆工艺由最初的剔红发展为剔黄、剔绿和剔彩等多种手法。张应文《清秘藏》论雕刻条评："宋人雕红漆器，宫中所用者多以金银为胎，妙在刀法圆熟，藏锋不露，用朱及鲜，漆极坚厚而无敲裂，所刻山水楼阁人物，皆俨若图画为佳绝耳。""张成"款剔红观瀑图圆盒、剔红花卉圆盘和"杨茂"款剔红山水八方盘、剔红花卉渣斗，就是宋代雕漆工艺的经典之作。

软螺钿（元）

软螺钿镶嵌也叫薄螺钿镶嵌和点螺，将薄螺片浸入白醋或萝卜汁内数小时，薄螺片便变得柔软可以弯曲，嵌贴于圆形漆胎不易破裂。软螺钿的出现，使得漆器的品种更加丰富多彩。

百宝嵌（明）

为明代漆艺大师周翥所创，故又名"周制"，明清时流行。明代髹漆艺人黄成所著的《髹饰录》记载："以金、银等材料雕成山水、人物等,镶嵌于檀梨漆器上"。

3)作品

云纹雕漆高足杯(明)

现珍藏于扬州博物馆内,为扬州明代雕漆代表作品之一。杯形端庄大方,采用夹纻胎,杯内使用铜壁,外部雕刻云纹,刀法简洁、线条精细、色彩鲜艳,造型纹饰令人爱不释手(图6.6.4)。

黑漆嵌螺钿执壶(明)

江千里制。高35厘米,口径宽6.3厘米,长7厘米。这件执壶黑漆锡胎,方形,带盖,壶嘴高扬向天,壶柄直角内折,壶身造型修长,四面开光,嵌以红玛瑙、珊瑚、绿松石、螺钿,壶底嵌"千里"二字(图6.6.5)。

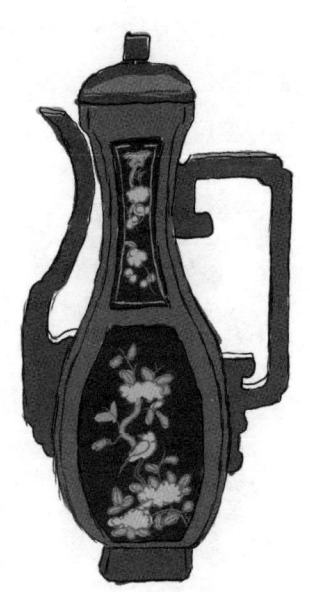

6.6.4 | 6.6.5

图 6.6.4 云纹雕漆高足杯(明)
图 6.6.5 黑漆嵌螺钿执壶(明)

转

抗日战争爆发至中华人民共和国成立初期,生产作坊相继歇业,漆器艺人流离失所,扬州漆器生产趋于萧条。至1948年,扬州漆器仅生产雕漆嵌玉屏风、桌子、盘盒5件,周制屏风20件,扬州漆器店均处于半停业状态,从业人员也只有 30 多人,扬州漆器濒临人亡艺绝的边缘。

1）传承人

梁友善

清同治七年（1868 年），梁友善创建梁福盛漆器,共传五代。店堂为仿古雕花门楼,后面有坐西朝东铺面两进。店堂檐梁到柜台之间挂一块乌亮的黑漆大招牌,用厚螺钿拼槟榔纹镶嵌"梁福盛"三个闪亮的斗大阳纹字。沿梁挂一块金字横匾"梁福盛仿古漆玩",左右一对刻漆楹联"福我家邦艺通中外,盛兴基业名振东西","福盛"二字被巧妙地嵌在联首。清末民初扬州梁福盛漆器名声远扬,享誉四海。《民国续修江都县志·实业考》卷六记载:"漆器自卢葵生后为扬州特产,销行甚广。其仿制最善者近为梁福盛。郡城各肆岁销银币约三万,而梁福盛居其半焉。"（图 6.6.6）

图 6.6.6　梁福盛漆器的方形篆书印

2）作品

山水漆盒

现为扬州某收藏家收藏。此盒呈长方形,为木胎漆器。高 6.7 厘米,长 13.2 厘米,宽 8.3 厘米。漆盒除背面和底下为素面外,其余四面均为浅刻山水纹饰。正面在以橄榄形组成的边饰内浅刻河滩风景图,正中偏上部位横排两行楷书铭文,为"大兄、嫂惠存,弟述曾、妹重玲敬赠"。盒前面浅刻河滩山色图,盒右侧面浅刻老翁独钓图,盒左侧面浅刻渔舟息晚图。四面画意各不相同,但浅刻技法一致,即以尖刀代笔,以点、线刻划出景,描绘精致、细腻(图 6.6.7)。

图 6.6.7　"梁福盛"山水漆盒

合

中华人民共和国成立后,流散的扬州漆器艺人重新聚到一起,组建了扬州漆器生产合作社,几经辗转发展成为今天全国漆器行业中有较大影响的漆器生产企业——扬州漆器厂。从此,扬州漆器步入了一个崭新的发展时期。

1)传承人

梁国海

现代雕漆工艺师,为扬州漆器厂创始人之一。代表作有红雕漆横挂屏"梅花高士图"、雕漆嵌玉大花瓶"松鹤牡丹"。

张来喜

中国工艺美术大师、全国"五一"劳动奖章获得者、省级"非遗"传承人。领衔复制故宫檀木龙椅,在红雕漆领域拥有三大专利作品。

2）技艺

扬州漆器的主要制品有各类漆艺屏风、家具、艺术陈列品、装饰品、各类礼品、旅游纪念品、文房用品和装饰壁画等。史上以各类饰盒、容器、耳杯、花瓶、屏风和挂屏等为主；当代则更多制作漆艺装饰壁画、礼品和一些富有收藏价值的精品大件作品。扬州漆器制作技艺在2000多年的传承过程中逐步形成了自己的基本特征，主要表现如下。

地域关联性

扬州漆器制作技艺与扬州的地理、气候条件息息相关，与该地区独特的人文环境密不可分，前者为扬州漆器的生产制作提供了良好的自然环境，后者更是扬州漆器艺术长久传承发展的源泉。

图 6.6.8　扬州漆器厂

包容性

以生漆为载体，融绘画、雕刻、镶嵌等多种艺术表现形式于一体，从艺术角度出发，具有非常博大的包容性。

独特性

与中国漆器的其他流派相比，扬州漆器在制作手法和工艺上有着南派漆器的隽秀精致，在产品的造型和气势上又常见北派漆器的雄浑和博大。

3）场所

扬州漆器厂

创立于1955年，产品的装饰工艺主要有雕漆嵌玉、点螺、平磨螺钿、刻漆、骨石镶嵌以及雕漆、彩绘、雕填、楠木雕、磨漆画等十大类共3000多个花式品种。

4）作品

"喜鹊登梅"和"和平颂"

此对挂屏是扬州已故著名漆器老艺人为庆祝中华人民共和国成立10周年精心制作的精品，曾陈列在北京人民大会堂，受到毛泽东、周恩来、朱德、邓小平等党和国家领导人的高度评价。现珍藏在扬州工艺美术馆（图6.6.9）。

图 6.6.9 喜鹊登梅、和平颂

玉堂春色

为漆嵌玉屏风，以花鸟为题材，展现大自然的春意盎然与和谐美好。它曾经多次被选作国礼赠送给国外元首（图6.6.10）。

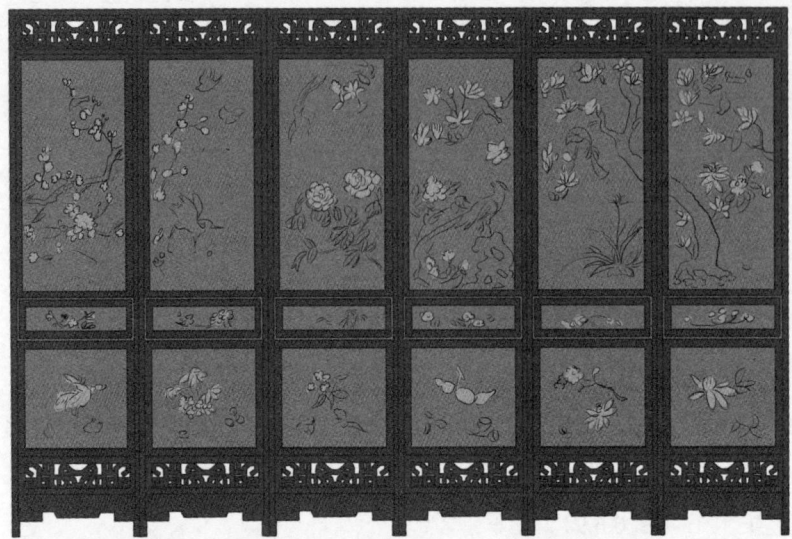

图 6.6.10 玉堂春色

七 韵·俗——观风问俗

7.1 月满乾坤

扬州中秋拜月——徐凝《忆扬州》："天下三分明月夜，二分无赖是扬州。"

起

唐代，为了庆祝丰收，感恩天地所赐累累硕果，并祈祷来年风调雨顺、五谷丰登，拜月由此产生。扬州因为深厚的文化底蕴，吸引了众多文人流连于此。根据文人流传的颂月诗篇，如徐凝的"天下三分明月夜,二分无赖是扬州"，杜牧的"二十四桥明月夜,玉人何处教吹箫"等。清代黄鼎铭"扬州好，暮景是中秋"，仪征厉惕斋的"十五日中秋，晚间祀月，香肆买月公纸，范为牌位，供之案上"。这说明了扬州"中秋拜月"的历史流传，也奠定了扬州月亮城的地位（图 7.1.1）。

1）仪式

拜月仪式由家中的老奶奶主持，晚饭后，老奶奶先朝月出的方向设下供案，供案上摆有各种供品，月亮一出，由拜月人点香燃烛，向圆月叩拜。即使这天晚上下雨，不少人家也在大门内朝月出的方向拜月。拜完月，就可以分享美食了。老奶奶将月饼（月宫饼）切开，在家和在外地的家人都要算在内，有多少人就切多少角，然后分给大家品尝。

图 7.1.1 拜月图

走三桥

此习俗是人们在月光下出游,走过至少三座桥,多以女性为主,是一种避灾求福的活动,又叫"走桥""走百病"。后来演变为一种较为普遍的吉祥礼仪。

摸秋

此习俗是由婚后不曾怀孕的女子而产生的,"摸秋"要在中秋之夜到田里摸一只瓜回来,就会怀孕生子。最好是南瓜,因为"南"谐音"男",意为可得男孩;如果采到扁豆,意为可得女孩,因为扁豆形似女子蛾眉;如果采到的是白扁豆,那就寓意白头偕老,今后女子可婚姻美满。

照月求子

旧时扬州在中秋节还有"照月求子"一说,即久婚不孕的妇女在中秋节当晚,独坐院中,静沐月光,祈求月宫嫦娥能感其心诚,降福送子,赐予一个可爱的孩子。

2)仪式用物

拜品

中秋拜月的供品十分丰盛,有菱角、嫩藕、莲蓬、柿子、石榴、芡实、栗子、芋头、南瓜等，还有一盘鱼，加上"月宫饼"，举凡中秋时节成熟的瓜果都可以上供，越丰盛越好。种种供品中"子孙藕"是必不可少的，"子孙藕"是一只藕节多芽的全枝藕，要枝芽完整，象征子孙延绵不断。小户人家在庭院中设个小桌即可拜月，而大户人家则另有许多讲究。除各种供品外还要布置许多叫做"月宫供"的陈列品，有围屏灯、小风灯、小香斗、小花瓶、小插牌，再讲究的还有小仪仗、小銮驾花厨，院子里还要悬挂各式走马诸灯。这些"月宫供"在当时扬州的坊肆里可以买到，但有的人专有雅好，喜欢自己动手制作。

茶水明目

敬月的茶水，按照习俗是不能丢弃的，说是用来搽眼睛，可以清心明目。

团圆烧饼

扬州老百姓在中秋节，家家还时兴做圆烧饼，以象征团圆，又有庆祝秋熟丰收之意。烧饼分为供饼和食饼。供饼是大小不同的五只圆饼，到敬月时垒成宝塔形；食饼大小、数量不限。用麦面做的烧饼，馅心有芝麻（将熟芝麻捣碎再拌进白糖）、萝卜丝、茉菜加豆腐干丁，近年来还有将南瓜做馅心的。而用糯米粉做的烧饼，内包芝麻屑或白糖，叫做"子孙饼"。出锅之后，热腾腾的，咬一口，松软香甜。

月饼玄机

旧时人们在食用月饼时，常常要剥去上面的一张薄纸。据说，在元代末年红巾军起义时，扬州高邮的张士诚不满元末残暴统治，利用中秋节相互馈赠月饼之机，制作了许多内夹小纸条的圆饼四处分发给民众，纸上写好相约在中秋之夜举行起义，人们以此为信号纷纷加入反元统治的行列。自此之后，人们每到中秋之夜，都要吃月饼，并在月饼上贴一象征起义信号的小纸条，这一做法一直延续至今。

承

1）作品

董伟业的《扬州竹枝词》中就这样记述："八月中秋秋气新，满街锣鼓闹闲身"。《望江南百调》云："扬州好，高跨五亭桥。面面清波涵月镜，头头空洞过云桡，夜听玉人箫"。

2）场所

清朝，中秋节上街或是到郊外去踏月的人很多。中秋时，最佳赏月地点是瘦西湖的"月观"，或是五亭桥。每年中秋节夜晚都会引来许多赏月的扬州人，人们为眼前景色陶醉，直至月亮西斜。

合

2006年，国家将中秋节作为非物质文化遗产进行保护，中秋拜月活动渐渐恢复。2008年，国家把中秋节确定为国家法定假期，中秋节回归到应有的地位，而拜月作为中秋节最重要的仪式，从而受到了重视和关注。扬州作为著名的月亮城，举办与中秋相关的拜月活动，更能彰显扬州传统文化的意义。

1）传承人

夏梅珍

扬州市民间文艺家协会名誉主席，中秋拜月习俗主要传承人（图7.1.2）。

图7.1.2 夏梅珍（扬州市民间文艺家协会名誉主席）主持拜月仪式

2）场所

自 2006 年起，扬州在瘦西湖、486 非遗聚集区等地点先后成功举办 12 场次中秋拜月活动。拜月活动在扬州愈发兴盛（图 7.1.3）。

图 7.1.3　中秋拜月现场

7.2　桑柘春社

吴桥社火

起

吴桥社火是一种源于民间的原生态乡土文化，是当地一种传统演艺庆祝活动。一般用于祭神、庆丰收，有悠久的历史。社是土地之神，从天子到庶民立有不等的社。乡村祭神的结会，迎神送祟的庙会，朝顶进香的香会，都是社火的变相（图 7.2.1）。

吴桥社火多和节日盛会、庙会伴随，特别是香火庙会或一般商贸节日盛会，往往藉社火、戏剧活动来迎神报赛、招徕四方民众，而百业也藉以兴旺，社火杂艺竞相献技，并藉以生存、发展。吴桥社火表演内容也极其丰富、广泛，它们不受时空、内容的限制，从上古的三皇五帝神话传说到历史故事、轶闻野史、传奇英雄等，无所不包，无所不演。

图 7.2.1 古代社火图

1）技艺

吴桥社火是一种源于民间的原生态乡土文化，糅合了跑马灯、荡湖船等多种舞蹈和说唱元素，表演内容从上古的三皇五帝、神话传说，到历史故事、轶闻野史。

2）场所

清朝中后期，吴桥社火于扬州吴桥起源，每年正月和各大节日，吴桥当地都要举办热闹非凡的社火活动，当地人会在家庭院落、街道、打麦场这些地方伴随着节奏强烈的锣鼓音乐，做行进队列或场地定点表演，影响力遍及江都吴桥及其周边县市。

承

辛亥革命以后的民国时期，社火活动基本沿袭前代，多以各种庙会、节日盛会保留下来。

中华人民共和国成立后，应政策宣传需要，乡村文艺队如雨后春笋般涌出，表演社火的主要目的是宣传毛泽东思想。

七 韵·俗——观风问俗

转

"文化大革命"期间,由于"破四旧",吴桥社火被斥为宣传"帝王将相、才子佳人"而被禁演。吴桥社火由此陷入困境。

合

20世纪80年代,吴桥社火这一传统民间娱乐活动才得到恢复。随着人民生活条件的好转,吴桥社火又开始流行,同时不断挖掘整理旧的传统社火节目,逐渐达到社火艺术发展的兴盛时期。

现时,社火从根本上摒弃了对"神"的崇拜和对祖先的祭祀,纯粹演变成了一种内容健康、形式活泼、名目繁多、生动有趣的文化娱乐活动,也成为一种新的民俗。同时将蹦跳、说唱等有机结合,最终形成自己独特的、具有时代特色的广场文艺表演节目。

吴桥社火是民间文艺中的一朵奇葩,清丽脱俗、摇曳生姿。现在,农村中老年人文化生活匮乏,他们最需要这样的传统乡间文化滋养。许多老年居民反映,有了社火的传统节目,过年过节才热闹。

1) **传承人**

董成璋

吴桥镇万寿村人,退休教师,"吴桥社火"民间艺术的传承人之一。为了传承和创新吴桥社火,他经常利用业余时间,与农民演员们在家庭院落、打麦场等地排练节目,并成功参加过第五届扬州世界运河名城博览会花船巡演、江都花卉节开幕式、央视端午民俗专题节目演出等各种大型活动。

2) **技艺**

吴桥社火具体表演有荡湖船、走马灯、女子舞龙等。

吴桥荡湖船

吴桥荡湖船的花船用竹子做成船形,再用彩纸或彩绸粘糊,一对老夫妻作撑船划桨姿势进行串词,一年轻女子在花船内执船作水上荡漾状摆动,扶着船舷两侧的四个小姑娘和两个挑花担的年轻女子进行集体演唱。

吴桥走马灯

吴桥走马灯，上场前，所有演员都浓妆艳抹，头饰、配件很有讲究。随着开场锣响，腰缚马身的表演者手持马首，踩着热闹的锣鼓节奏变换队形，在台上来回穿梭，一会是龙马扬威，一会是龙马竞跑，演绎出一幅万马奔腾的画卷。走马灯强调阵势的变化，主要有梅花阵、龙门阵、长蛇阵等多个阵型。

吴桥女子舞龙

吴桥女子舞龙，都是由年轻有力的妇女组成。通过跑、跳、钻、绕诸项基本功和圆盘游龙、左右游龙、龙舟造型等动作活灵活现地展现龙腾的姿态。[1]（图 7.2.2）

图 7.2.2　女子舞龙

3）仪式用品

吴桥社火的道具主要由"马""灯"和"旗"构成。"马"长约一米，小巧玲珑，由竹篾扎成，前半身和后半身分开。马队领头人是帅和令，各执一面旗帜，具体角色有天官、武松、歪嘴和尚、王昭君、白娘子、

---

[1] 吴桥社火．吴桥文化网 http：//www.jdwq.net/E_ReadNews.asp?NewsID=520.

七 韵·俗——观风问俗

小青等男女10多人。

7.3 七夕之约

七夕之约——应劭《风俗通》:"织女七夕当渡河,使鹊为桥。"

农历七月初七的夜晚,月朗星稀,草木飘香,这便是一年一度的七夕节,又称之为乞巧节、女儿节,是传统节日中最具浪漫色彩的一个节日,也是姑娘们最为重视的日子。

起

它最早的渊源可能在春秋战国时期,如《诗经·大东》:"跂彼织女,终日七襄。虽则七襄,不成报章;睆彼牵牛,不以服箱。"由于过往女子的命运只能嫁作人妇、相夫教子,因此不少女子都相信牛郎织女的传说,并希望以织女为榜样。所以每逢七姐诞辰,她们都会向七姐献祭,祈求自己能够心灵手巧、获得美满姻缘。这也就是"乞巧"的来源。

承

到了汉代,牛郎、织女被迫分离,只能隔水相望的骨干情节已大体成型。七夕正式成为属于妇女的节日。如东汉应劭撰的《风俗通》载:"织女七夕当渡河,使鹊为桥。"南北朝梁宗懔《荆楚岁时记》记载古代女子在七夕夜的"闺中秘戏""七月七日,为牵牛织女聚会之夜"。唐代诗人杜甫在《牵牛织女》诗中曾提及这种风俗:"蛛丝小人态,曲缀瓜果中。"刘言史《七夕歌》:"碧空露重彩盘湿,花上乞得蜘蛛丝。"

仪式

穿针乞巧

这是最早的乞巧方式,始于汉,流于后世。《西京杂记》说:"汉彩女常以七月七日穿七孔针于开襟楼,俱以习之。"南北朝梁宗懔《荆楚岁时记》说:"七月七日,是夕,人家妇女结彩楼穿七孔外,或以金银愉石为针。"《舆地志》说:"齐武帝起层城观,七月七日,宫人多登之穿针。世谓之穿针楼。"五代王仁裕《开元天宝遗事》说:"七夕,宫中以锦结成楼殿,高百尺,上可以胜数十人,陈以瓜果酒炙,设坐具,以祀牛女二星,妃嫔各以九孔针五色线向月穿之,过者为得巧之侯。动清商之曲,宴乐达旦。土民之家皆效之。"元陶宗仪《元氏掖庭录》说:"九引台,七夕乞巧之所。至夕,宫女登台以五彩丝穿九尾针,先完者为得巧,迟完者谓之输巧,各出资以赠得巧者焉。"(图7.3.1、图7.3.2)

7.3.1 | 7.3.2

图7.3.1 乞巧场景一
图7.3.2 乞巧场景二

喜蛛应巧

这也是较早的一种乞巧方式,其俗稍晚于穿针乞巧,大致起源于南北朝之时。南北朝梁宗懔《荆楚岁时记》说:"是夕,陈瓜果于庭中以乞巧。有喜子网于瓜上则以为符应。"喜子是指一种小型蜘蛛。

宋朝孟元老《东京梦华录》说,七月七夕"以小蜘蛛安盒子内,次日看之,若网圆正谓之得巧。"宋周密《乾淳岁时记》说,"以小蜘蛛贮盒内,以候结网之疏密为得巧之多久"。明田汝成《熙朝乐事》说,七夕"以小盒盛蜘蛛,次早观其结网疏密以为得巧多寡。"由此可见,历代验巧之法不同,南北朝视网之有无,唐视网之疏密,宋视网之圆正,后世多遵唐俗。

投针验巧

这是七夕穿针乞巧风俗的变体,源于穿针,又不同于穿针,是明清两代盛行的七夕节俗。明刘侗、于奕正的《帝京景物略》说:"七月七日之午丢巧针。妇女曝盎水日中,顷之,水膜生面,绣针投之则浮,看水底针影。有成云物花头鸟兽影者,有成鞋及剪刀水茄影者,谓乞得巧;其影粗如锤、细如丝、直如轴蜡,此拙征矣。"

染指甲

染指甲也是扬州乞巧之戏的一种,年轻的女子喜欢在七夕时节采来盛开的凤仙花,选用其中大红的花瓣,将其捣烂,敷在指甲上。细心的姑娘还用布条缠绕手指,确保花瓣不脱落,经过一昼夜,红红的花瓣汁浸润指甲,指甲便会被染红。相传,这样做可以使姑娘的手更灵巧。

拜魁星

清代风俗,七月七日,妇女忙于拜织女,而男子则忙于屠狗祭魁星,魁星为点取状元之神,祭拜它以求科举高中,官运亨通。

魁星面目狰狞,金身青面,赤发环眼,头上还有两只角,整个仿佛是鬼的造型。这魁星右手握一管大毛笔,称朱笔,意为用笔点定中试人的姓名。左手持一只墨斗,右脚金鸡独立,脚下踩着海中的一条大鳌鱼(一种大龟)的头部,意为"独占鳌头"。左脚摆出扬起后踢的样子以求在造形上呼应"魁"字右下的一笔大弯勾,脚上是北斗七星。想求取功名的读书人特别崇敬魁星,所以一定在七夕这天祭拜,祈求他保佑自己考运亨通。魁星爷就是魁斗星,即廿八宿中的奎星,为北斗七星的第一颗星,也称魁星或魁首(图 7.3.3)。

图 7.3.3　扬州四望亭为明代江都县学前的魁星阁

转

　　到了现代，七夕节又被人们正式地称为"爱情节"。许多商家和民众称之为"中国情人节"，但由于"情人"一词可能产生歧义，以及七夕传统习俗中并没有情侣约会的内容，因此民俗专家认为称为"情人节"不适当，而应称"爱情节"。在中国大陆，七夕节被商家作为商业促销的一大良机，而传统习俗则呈现失落，人们对七夕的热情比不上西洋舶来品"情人节"。台湾和香港也受到西洋文化的影响，七夕节情况堪忧，比不上日本的节日氛围。

合

　　我国七夕传统节日历史悠久，在新的时代情境中，扬州不断采取措施，充分肯定传统节日的价值与意义，积极促进七夕节日的传承与振兴。

　　在复兴的过程中，人们一方面积极开掘传统，从七夕节的既有习俗中寻找爱情因素；一方面用开放包容的心态采借西方情人节的文化符号，为我所用；与此同时，又延伸出彩虹鹊桥、相亲大会、情歌对唱、抛绣球、放飞许愿灯等诸多具有中国元素的文化符号与活动，从而丰富了七夕节的习俗活动与文化内涵，使原本以乞巧为主题的七夕节出现了明显的爱情节转向，很大程度上契合了当代人的价值观念和社会需求，增强了七夕节的吸引力。七夕节这一传统节日在良好的生态环境中，通过利用传统文化要素，形成了新节俗、丰富了新内涵。

7.4 包氏锣鼓

打坐堂

起

100多年前，扬州扬子桥以南，古运河两岸的百姓人家、官商士绅，在迎亲嫁娶、四时八节、庙会灯会时，都喜欢请包氏锣鼓去"打坐堂"庆祝一番，包氏锣鼓深受广大劳动人民喜爱。

1) **传承人**

100多年前，在扬州南郊瓜洲区瓜东村江边的小包庄，有一个吹奏乐器班子，为首的是包祯海、包祯凤兄弟。他们广泛吸取民间各种吹打乐的精华，进一步整理创新，形成了一套吹奏乐谱，称之为"打坐堂"。

2) **技艺**

"打坐堂"一般由8~10人组成，其中1人打鼓指挥，2人吹锁呐助威，6人敲锣合拍。整个乐谱吹奏下来，长达一个多小时。分站式与坐式两种姿势。包氏锣鼓节奏铿锵有力，曲牌优美流畅，祈祷风调雨顺、国泰民安，祝愿乡邻"家庭人丁兴旺，田野五谷丰登"，整个内容反映了百姓热爱劳动、热爱家乡、热爱祖国，向往幸福生活的喜悦心情，是华夏农耕文化历史长河中的一朵绚丽的浪花。

合

中华人民共和国成立后，包氏锣鼓用浓浓的乡情民调欢送农家子弟参军保家卫国，赋予了新的内涵。目前包氏锣鼓二代传人包祥珠先生将这一非物质文化遗产传承下来，并由包氏传人与友人为班底组建了八里镇吹奏乐队。

7.5 朝山进香

观音庙会——李斗《扬州画舫录》记载："会之前日，迎神轿斋戒祀祷。至期贮沉檀诸香于布袋中，书曰：'朝山进香'，极旗章、伞盖、幡幢、灯火、傩逐之盛。"

起

观音山地处扬州城西北郊的蜀冈上，因为山上建有观音禅寺而得名。扬州观音山寺庙初建于元代。

民间传说，农历二月十九是观音出生日，六月十九是观音成道日，九月十九是观音出家日。每逢这三日，扬州北郊观音山，山上山下，人潮如海，形成了规模宏大的观音山庙会。这三次庙会各具特色：二月以乡市居盛，六月乡市、道场兼备，九月以道场为主。而这三次庙会中，六月十九最为声名鼎盛。[1]

承

庙会兴旺于清代。乾隆年间，盐商汪应庚以重金重建，并请乾隆御赐楹联匾额，观音山一举成为江北佛门圣地。

1）仪式

六月十八乡民沿路设盆盛以净水，供香客净手，摊贩往往通宵不歇。庙会摊点一般贩卖香烛、纸马、念珠、木鱼、小吃以及一些土仪玩具。

六月十九，买者、卖者摩肩接踵，香客、游人穿梭其中，川流不息。信众们从五亭桥下一步一磕头，一直磕到山顶，以示虔诚。僧侣们做起佛事，善男信女满坑满谷，山上山下，灯火通明，人声鼎沸，万头

---

[1] 张适. 扬州观音山香会 [J]. 民俗研究，1996(03)：54-55.

攒动。香海内烈焰腾腾,香闻数里。站在天宁门城门口,便可见观音山香海火光高冲入云。

自十八迨至十九,山下长龙绵延数里,上山、下山川流不息,不少人为拜观音,风餐露宿一天一夜。人们上得山来,每每在观音殿门口买小束或大束柱香,再买一只杏黄香袋,直趋案上蜡烛架前,点燃香火,匍匐于观音脚下蒲团上,口中念念有词,磕头膜拜,然后站起身来,把香一柱一柱插入案上一只硕大的铜香炉内。敬香完毕,香客从殿门鱼贯而出,或绕殿外铁香鼎,把残香抛入鼎内,或把大柱残香抛入山门一侧砖砌的"香海"(图 7.5.1)。

图 7.5.1 庙会图

2)场所

每逢庙会,扬州观音山下几条通道上,挤满了商贩们布置的摊点。山上寺庙则成为庙会佛事、朝山进香的重要场地。

转

扬州观音山寺庙,咸丰年间毁于兵火,同治年间重修,光绪年间又毁,后又重修。"文革"期间破"四旧",观音庙会一度中断。

合

20 世纪 80 年代以来,求神拜佛又成风潮,观音山香会也一年比一年阜盛,由于文化繁茂,因而传播深远,尤其以六月十九观音成道最为声名鼎盛。

1）传承人

在庙会期间，除了本地香客外，长江两岸，北起滨海，南到苏南，乃至浙、沪的香客都陆续赶到扬州来进香。

2）场所

庙会期间，在扬州观音山下，设置了许多商贩的贩卖区。山上寺庙则成为庙会佛事、朝山进香的重要场地（图 7.5.2）。

图 7.5.2 信众送香

7.6 不言而喻

竹西谜语、海虞谜语——世语"薰染邪风，竟起仿之"

起

扬州是中国灯谜的故乡之一。早在南北朝时，扬州竹西谜语就已经起源。

1）传承人

南北朝时，高爽是名见史册的首位广陵谜人。其擅长编制谜语，制作的"展谜"和"鼓谜"，形象生动，语言通俗。时至唐代，书写于今扬州大明寺壁的无名氏字谜："一人堂堂，二曜重光。泉深尺一，点去冰旁。二人相连,不欠一边。三梁四柱,烈火烘然。除却双钩,两日不全。"字谜内隐"大明寺水天下无(無)比"八字,因其流畅自然,寓意巧妙,成为唐代谜语的巅峰之作。[1]

2)手法

竹西谜语开了制谜清新流畅之先河。早期的谜语尚未剔除隐语晦涩、牵强、拗口的弊病,但竹西谜语却能拨开迷雾,以清新、自然、流畅和构思独特的风格首开先河。它以构思奇巧、语言流畅、寓意深远的特点,被誉为古代离合体字谜中的压卷之作,而为人们所称道。

承

明代时竹西灯谜得到长足发展。作为漕运的中转站和盐运的集散地,明代扬州后期商业繁荣,市场兴旺,市民文化如清曲、评话等得到蓬勃发展。竹西谜语活跃了地方文化,大放异彩。

清代扬州作为运河线上漕运的中转站和盐运的中心而再度兴旺,商业的繁盛激发了市民对文化的渴求,加之盐商们"各出其羡余之财,从事玩好,期相夸耀",为谜会和谜社提供赞助,扬州谜社重又出现(图 7.6.1)。

图 7.6.1 古代扬州灯谜会

---

[1] 李保华. 竹西谜艺,独步一时——扬州灯谜文化古今谈 [J]. 扬州文化研究论丛,2016(02):146-159.

1）传承人

明代扬州出现了由下层知识分子组成的有姓名可考的业余灯谜社团——广社。社员名录共有 33 人，可谓人才济济。第一位是陶邦彦，字司直，秦邮（今高邮）人，身份是子衿，即秀才。第二位是徐鼎勋，字扩生，邗江人。最末一位是弟云鹏，字文翼，未写籍贯。从名录中，可以看出社员多为广陵、邗江、甘泉、芜城、竹西、扬州、廿五桥、海陵（今泰州）等地人，几乎不出今扬州辖境，基本是扬州人的组织。社员身份多为秀才一类的下层知识分子。这是迄今可见的见诸文字的以灯谜自娱的社团。

清代名气最大、影响至深者首推清代嘉庆年间出现的"竹西春社"。其中著名的谜家有爱素生、委宛山人、潘光、汪廷模、汪立亭、闵士双、张厚安、王惠隆、闵恒、简应恒等十余人。春社的出现打破了谜坛长期沉寂的局面，提高了灯谜的艺术质量和社会地位，使灯谜愈益深入文士的书斋和豪绅盐商的庭院，"打灯谜"一时成为淮扬区域风雅的时尚。

2）手法

谜格的创造

出现于明末清初的广陵十八格，极尽文字腾挪变化之能事。它通过会意、异读、顿读、增减、移位、谐音、对偶、象形等多种手法，极大地发挥了文字形、音、义的作用，使灯谜更为神奇诡异，变化多端。它的创设不但扩大了谜材，增加了灯谜的容量，使许多无法制谜的谜材成为有用之物，因而遍及万物，囊括百科，而且增添了意想不到的谜趣。例如一首题作"戒友"的诗，谜底要求猜一种鱼名："簇簇花舆入市尘，绕栏穿柳觉新鲜。劝君莫对秋风忆，此是前林老妇人。"粗看谜面好像是规劝友人不要在市廛中寻花问柳，但如果将谜面中部分关键字以同音字代替，谜底就豁然开朗了。

制谜手法的创新

明清是竹西谜艺极显光彩的时期，努力追求制谜手法的创新。竹西谜人除了对谜格多有创建以外，还极力在谜艺手法上推陈出新，发前人之未发，其重要贡献除了在文字的形、音、义中展示其变化机巧而外,还创造了画谜和动作谜,使谜语的空间更为开阔和深邃,其趣味性愈益浓郁。

3)作品

明代,广社推出谜书《广社》,虽仅收谜社诸人谜作60余则,但作为灯谜爱好者的工具书和猜谜指南,书中有意识地选录了一些风行扬州的谜体和猜射方法,对清代谜坛影响甚大。《广社》一书不仅可以作为我国较早的猜谜工具书载入谜史,同时还将以我国较早有文字记载以灯谜自娱的业余社团载入谜史。

清嘉庆年间出现的"竹西春社",名气最大、影响至深,竹西春社谜人编著了《竹西春社抄》7册,共350余条谜。

转

20世纪30年代至抗战结束,由于战乱及部分谜人为谋求营生而离开扬州,竹西谜语开始衰落,但值得称道的是,竹西谜人利用灯谜作为武器,创作了一批抗日灯谜,产生了很大的影响,受到了国人的认同与称赞。

1)传承人

战乱时期,竹西后社成为竹西谜语的重要传承力量。后社阵容坚强,内中可考的谜人多达三四十人,多为当时的知名学者、诗人和书画家。例如刘谦甫、刘诚甫、昆仲和其侄刘继侯俱为仪征刘氏族人,以经学传家,名重于世。高芸生、吉亮工、吴召封为著名书画家。

2)作品

战乱时期,后社谜人以灯谜作武器,创作了一批抗日谜。如"灭倭乃民意",猜五言唐诗一句,谜底为"落日故人情";以"神户未可往"猜俗语一句,谜底为"进不得庙门"。前者指出日寇的必然垮台乃民心使然,无可置疑;后者对汉奸做出忠告,劝他们切勿认贼作父。这些灯谜在当时产生了很大反响,受到人们的欢迎和赞赏。

合

改革开放后,为振兴竹西谜坛,一批灯谜爱好者于扬州市工人文化宫成立灯谜组,后改组成职工灯谜协会。20世纪90年代后期,成立了扬州市灯谜学会,进行竹西谜史、谜论、谜艺的研究和灯谜的创作,培养年轻的灯谜爱好者,活跃群众文化娱乐活动。

扬州市职工灯谜协会坚持每年节假日期间于文化宫、企业、商场、学校以及扬州名胜景点如瘦西湖公园、汉墓博物馆、汪氏小苑、冶春茶社、扬州美术馆、日月明大茶馆等处,举办创作谜会,以活跃市民的业余文化活动。竹西谜语文化在现代又呈现一片繁荣景象。

1)传承人

李保华

竹西谜语非遗传承人。知名谜人则有余从海、龚庆根等人。他们从事竹西谜史、谜论、谜艺的研究及探讨和灯谜的创作,以弘扬竹西谜艺和发扬竹西灯谜雅俗共赏的优秀传统为己任,以普及灯谜知识、举办灯谜学习班、培养年轻的灯谜爱好者、活跃群众文化娱乐活动为宗旨,为竹西谜语的发展做出了巨大的贡献(图7.6.2)。

图7.6.2 竹西谜语非遗传承人李保华

2）场所

每逢元旦、春节、元宵、五一、国庆等重大节日，扬州市职工灯谜协会便会于文化宫、企业、商场、学校以及扬州名胜景点如瘦西湖公园、汉墓博物馆、汪氏小苑、冶春茶社、扬州美术馆和日月明大茶馆等处举办创作谜会，在增加节日的喜庆氛围、活跃群众文化娱乐活动的同时，也宣传和推广了竹西谜语这一非物质文化遗产（图7.6.3）。

图7.6.3 猜谜活动

3）作品

扬州市灯谜学会编有《维扬灯虎》和《广陵灯虎》谜刊。谜刊涵盖竹西谜史、谜论、谜艺的研究和灯谜的创作。以下是一些当代竹西谜语佳作。

谜面	谜目	谜底
庶拆封视之，泪如泉涌	猜画家	徐悲鸿
满座衣冠似雪	科学名词	同位素
一再禁止大吃大喝	戏曲名	三关排宴
大王言之差矣	法律名词	不服上诉
正值金榜题名时	影片名	人到中年
殿试	常用语	主要问题
纸船明烛照天烧	三字口语	不留神

7.7 围水包皮

扬州沐浴文化——孔尚任《驾转扬州休沐竟日》:"闻道行宫修禊事,却因汤沐片时留。"

起

战国时期,扬州沐浴文化开始产生。在扬州城北西湖果树地区发现并挖掘出土的战国时期灰陶沐盆,经考证,为扬州先民以盆盛水沐浴的器具。由此证实了扬州2200多年沐浴文化的开端(图7.7.1)。

图 7.7.1 战国时期扬州地区盛水、沐浴的器具

承

汉至唐代,扬州沐浴之风始兴。汉律规定"吏员五日一休沐"。扬州古人把"沐浴而朝,斋戒沐浴以祀上帝""以浴为礼,以浴为德"作为一种至美的人生境界(图7.7.2)。

明清时期扬州沐浴已经相当繁荣。扬州澡堂的"优质服务、消费天堂"的名声响遍大江南北,就连康熙皇帝下扬州,地方官也把请皇帝洗澡列为接驾项目。

1)技艺

清人石成金在其《传家宝全集》中把浴室洗澡的感受描述为:"剃头、取耳、浴身、修脚,此乃人生四快事。即或有一二亦为福体。要知己身爽快，才是真福"。

图7.7.2 唐代沐浴

2）场所

宋元时期中国出现公共浴室，宋人吴曾《能改斋漫录》载："浴处挂壶"。苏轼在《东坡志林》中记录了他去洗澡，找人擦背的感受，并作词"水垢何曾相受，细看两俱无有。寄语揩背人，尽日劳君挥肘。轻手，轻手，居士本来无垢。"可见扬州有文字可考的公共浴室及助浴擦背史至少也有千年。

明清时期，清人李斗在《扬州画舫录》中记载："浴池之风，始于邵伯镇郭堂。后徐凝门外之张堂效之。城内张氏复于兴教寺效其制以相竞尚，由是四城之内外皆然。"由此可见清代浴室之盛。浴室内"以白石为池，方丈余，间为大小数格，其大者近镬，水热，为大池，次者为中池，小而水不甚热者为娃娃池。贮衣之柜，环而列于厅事者为座箱，两旁者为站箱，内通小室，谓之暖房。茶香酒碧之余，侍者折枝按摩，备极豪侈"[1]（图7.7.3）。

比较有名的浴室还有孔慕如经营的建于清朝同治年间的永宁泉浴室。

---

[1] 李斗.《扬州画舫录》.

图 7.7.3 清代扬州沐浴场所

转

"文化大革命"期间,强调阶级斗争,传统的沐浴技艺被列为腐朽沐浴之风,被叫停。扬州沐浴文化陷入严冬时期。在这个时期,人们到公共浴室沐浴,先买澡筹,然后取公用毛巾,自行下池。擦背、修脚、按摩等项目全部被取消,后来虽然擦背又重新增添,但改名为"助浴"(图 7.7.4)。

图 7.7.4 扬州沐浴

七 韵·俗——观风问俗

合

改革开放以后，传统的沐浴项目得以恢复且应有尽有了，新浴种、新项目不断出现，使扬州沐浴文化进入新的发展阶段。2002年4月，在省内乃至全国率先成立了"扬州市沐浴协会"，同时成立了"扬州沐浴文化研究工作委员会"，并召开了扬州市沐浴文化理论研讨会，一批理论界、沐浴界的专业人士就扬州沐浴文化的渊源、内涵、休闲理论，打造扬州沐浴文化品牌，挖掘、传承扬州沐浴传统技艺进行了广泛的研讨，编辑出版了一批书籍，丰富了扬州沐浴文化的内涵。不少扬州沐浴业的传承者凭借传统的扬州沐浴文化走出扬州，到全国各地经营发展，到世界各地传扬扬州沐浴文化，将扬州沐浴文化发扬光大。

1）技艺

扬州沐浴文化以"汤饱汽圆"为沐浴氛围，从单纯的洗澡发展到包含擦背助浴、修脚解疾、按摩享受等，形成了独特的沐浴文化体系。

汤饱汽圆

传统的扬州沐浴用水都是通过"地锅加热烧沸"而成，被人们称为汤。人在经调节温度适宜的汤中浸泡称之为"水包皮"。这样能使人气血畅通循环，通体舒畅，肌肤滋润，消除疲惫，从而心爽神怡。"汽圆"是指老浴室炉膛和大池的结构精妙，浴池的顶部设计呈弧形，蒸汽顺弧而下，避免了冷凝水下滴，温聚汽保，使池内白雾腾腾。

擦背技艺

擦背技艺是扬州沐浴文化的核心精髓之一。扬州擦背以"舒柔到位"著称。传统扬州沐浴擦背的"舒适"讲求力大手重而不疼，舒适过瘾；力小手轻也出垢，绵里藏针，以柔抚刚，去垢而不擦伤皮肤。而"到位"则是做到"八轻八重八周到"。"八轻八重"：即阳面重阴面轻、背部重腹部轻、臂膀重肢窝轻、四肢重五官轻、额头重喉头轻、胸肌重乳头轻、腿面重内侧轻、湿气重无湿气轻。"八周到":即耳后、眼睑、下颌、肚脐、腋窝、随囊、股沟、手脚丫八处周到。

修脚技艺

修脚技艺是扬州沐浴文化最精湛的部分之一。扬州修脚由修、刮、捏组成。修脚术以刀为本,刀术内容丰富,手法多样。

按摩是以中医理论为指导,在人体的经络和穴位上,运用各种手法以及某些特定的肢体活动来达到放松肌肉、疏通经络、解除疲劳、强身防病的一种保健方法。浴室按摩主要分擦背后按摩和浴后休息时按摩两种。主要手法是捶拿和敲拍,通过对浴客的经络穴位实施有效的点按、捶拿、揉推、敲拍,达到消除浴客因精神疲劳、肌肉疲劳、劳损退化而产生的运动障碍,疲劳消除,身爽心怡。

2)场所

扬州现存 7 家老字号浴室。这 7 家浴室分别是永宁泉浴室、双桂泉浴室、老枝上泉浴室、扬州浴室、三星浴室、小三元浴室、荷花池浴室(图 7.7.5,图 7.7.6,图 7.7.7,图 7.7.8,图 7.7.9)。

7.7.5 | 7.7.6

图 7.7.5　永宁泉浴室
图 7.7.6　双桂泉浴室

七 韵·俗——观风问俗

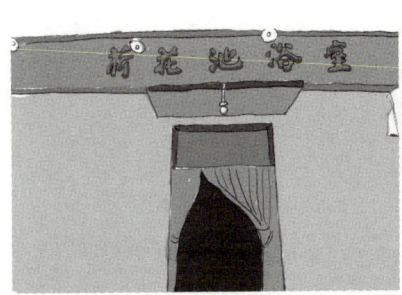

7.7.7 | 7.7.8

图 7.7.7 裕德泉浴室（现为荷花池浴室）

图 7.7.8 江北浴室（现为三星浴室）

图 7.7.9 扬州浴室

173

八 韵·风——古韵犹存

8.1 二十四桥故事

二十四桥——杜牧《寄扬州韩绰判官》:"二十四桥明月夜,玉人何处教吹箫。"

起

关于二十四桥的传说最早出现在唐朝。相传唐代有人在一个月光如水、清风徐徐的夜晚,见到 24 个风姿绰约的仙女,身披羽纱,酥手托箫,鼓着粉腮,轻启红唇,飘上一座小石桥,于是那舒缓柔美的旋律,便从 24 支箫管中缓缓地流淌出来。

承

其实从宋代起,"二十四桥"便众说纷纭而无定论:有人说是一座桥,有人认为是指二十四座桥。历代的辞典、诗词注解也都兼收这两种说法,而不敢轻易取舍。

有人认为大名鼎鼎的二十四桥是子虚乌有的东西,实际上从来就不存在,它只是唐代扬州桥梁的总称。最早对此做出解释的是宋朝大科学家沈括,他在《梦溪笔谈》中写到:"扬州在唐时最为富盛。旧城

八 韵·风——古韵犹存

南北十一里一百一十步,东西七里三十步,可在者有二十四桥。"

南宋词人姜夔在一个初冬来到扬州,写下了《扬州慢》这一千古绝唱:"二十四桥仍在,波心荡,冷月无声。念桥边红药,年年知为谁生?"从词的具体语言环境来看,"二十四桥"似乎是指一座桥。

转

20世纪50年代末,在扬州出西门向北行3~5里处,有一石桥和一木桥,两相近桥头的距离约24步,村里的长者都认为这儿就是"二十四桥"。在他们幼小的时候,都有被长辈牵着小手"数数过桥"的经历:跨过一座桥,从一个桥头走向另一个桥头,"一步、二步……"一般都是二十四步。照这种说法,"二十四桥"是两座桥的统称。

合

1986年,按《扬州画舫录》记载和珍藏的扬州著名画师袁耀所绘《邗上八景·春台明月》册页、乾隆《南巡盛典图》等有关史料,结合地形地貌现状,设计恢复方案,重建了二十四桥(图8.1.1)。

图8.1.1 如今的扬州二十四桥

8.2 五亭桥故事

五亭桥——《五亭桥月》:"香屑坠廊点点金,流霜空里到衣襟。瘦西湖上几明月,谁更桥穹深处寻。"

起

五亭桥建于清乾隆二十二年(1757年),已有200多年的历史了。虽几经历史变迁,至今仍保存完好。五亭桥是扬州两淮盐运使和盐商为了迎乾隆帝南巡,特地请能工巧匠设计建造的。因为这里的地名原来叫莲花埂,建的桥又状如莲花,故名莲花桥。五亭桥金碧辉煌,雕梁画栋,制作极为考究。周围桥柱都做成狮的形状,雕凿精巧,栩栩如生。翘着的亭角上各悬铜铃,微风吹来,叮当作响。

五亭桥好像是瘦西湖的一根腰带,桥上共有五座琉璃攒尖的方亭子,是一座奇特的石桥。五座亭,中间一亭最高,周围四亭对称拱立,衬托着主亭,状如莲花。这桥别出心裁,将亭和桥融为了一体。

五亭桥的桥基为矩形大青石叠砌,桥身是拱券形,由三种不同的券顶联合,桥下共有十五个桥洞,中间一洞最大,洞洞相通,每当晴空月满之夜,在瘦西湖湖畔看五亭桥下,每个桥洞中各衔一月,一共可以看到十五个月亮倒挂湖中,金色荡漾,相互争辉,不可捉摸,极富诗情画意。

因此,每到中秋,扬州人争相到五亭桥边看这一月亮奇观。清人黄惺庵有诗赞道:"扬州好,高跨五亭桥,面面清波涵月镜,头头空洞过云桡,夜听玉人箫。"

合

在扬州,民间流传着一个白蟒护桥的传说。据说:在清朝的时候,有人见过一条大白蟒,盘旋在白塔上,将头伸到五亭桥下饮水,老人都说这是神龙。有一次,一个外地人来扬州瘦西湖游览,他见到了五亭桥上精美的筒瓦,被迷住了,就对扬州的一个盐商说:"听说五亭桥上的瓦可以消灾降福、护佑万事吉祥啊。"盐商听了暗喜。在一个晚上，盐商带着几个家人携长梯，去五亭桥盗瓦。正欲动手取瓦时，突然狂风四起，天昏地暗，飞沙走石，几人连连磕头作揖，求老天饶命。这时一条大白蟒忽然从天而降，把头伸到五亭桥下戏水。白蟒那眼睛如铜铃般大小，目光直逼着盐商，盐商吓得瘫在地上，直打哆嗦。事后，一传十，十传百，扬州城老幼就将有白蟒护桥的传说与五亭桥结合了起来，再也没有人敢动五亭桥上的一砖一瓦了（图 8.2.1）。

图 8.2.1　如今的扬州五亭桥

8.3　高邮怀古

盂城邮驿——《公馆记》："皇华有堂，堂构峨峨，后寝渠渠，缭以周垣，启以高门，赭垩黝碧，宏敞炜煌。"

起

驿站源于秦汉时期军事上的驿骑，由专人骑马传递军事命令和重要信息。历史记载秦王嬴政"筑高台，置邮亭"，始称高邮。汉建高邮县，宋改高邮军，元作高邮府、高邮路，明清则为高邮州，民国废州置县。而邮政制度的设立，也是从秦朝开始。秦汉时期，设整套驿传制度；汉代，驿传系统日趋完备，文书传递均有等级之分；魏晋南北朝，邮驿纸质文书得以普及，传舍与亭的功能一部分由驿承担，一部分由新兴起的私人旅店和僧寺取代。亭传逐渐废除；隋唐时期，邮驿军事化为主，马驿、水驿、水马兼驿，驿站亦是多元发展；唐代，邮驿行程立有严规，足见其邮驿通信组织与速度水平极高。唐朝的这套制度也一直沿用至清末。宋代，公文、书信机构统称"递"，并设"急递铺"，后元、明、清仍沿用"急递铺"之称。

1) 驿站种类

传舍

原为战国时贵族供门下食客食宿的地方。客有上、中、下之分，舍也分传舍、幸舍和代舍。泛指古时供行人休息住宿的处所。后也作为信息传播的临时中转处。

亭

战国时始在邻接他国处设亭，置亭长，任防御之责。秦、汉时在乡村每十里设一亭。

其他

魏晋南北朝后寺庙和旅店等也部分承担了通信的职责。

2) 制度

隋唐时期，邮驿军事化为主，宋代，公文、书信机构统称"递"，并设"急递铺"，后元、明、清仍沿用"急递铺"之称。

急递铺

一种宋代开始设立的准军事组织，分有步递、马递和急脚递。急脚递最快，日行400里。递铺之间相距不一，有10里和20里等（图8.3.1）。

图 8.3.1 元代"急递铺"令牌

八 韵·风——古韵犹存

承

现在我们看到的盂城驿是明代的遗存，盂城驿是在元代秦淮驿的基础上发展起来的，元至正年间，盂城驿叫秦淮驿。朱元璋称帝后，在明洪武九年（1376年），令翰林学士考古订正全国俚俗不雅之驿名，共更正232处，比如将扬州驿改为广陵驿，将镇江驿改为京口驿，秦淮驿自此也改名为盂城驿等。当时，全国普遍设立驿站、递运所、急递铺，开辟新驿路，整治重要驿路，驿传网络甚是庞大。邮驿到康乾时期发展到高峰，出现了集历代邮驿大成的局面，民信局的普遍问世，为民众间的交流提供了便利（图8.3.2）。

图 8.3.2 明代"两京"邮驿图

1) 驿站种类

驿站常分陆驿、水驿、水陆兼并三种，配有驿舍、驿丁、驿马、驿驴等畜力，驿船及驿田等。陆驿交通方式，可分为步行、驿畜、驿车、肩舆以及后来的轿子，水驿则使用驿船。

2) 制度

驿站分驿、站、铺三部分。驿，官府接待宾客和安排官府物资的运输组织；站，传递重要文书和军事情报的组织，为军事系统所专用；铺，由地方厅、州、县政府领导，负责公文、信函的传递。

转

清代中期以后，由于清政府日益腐朽，内外交困，加上民信邮传的兴起，官办邮驿日趋衰亡。1913年，由于工业革命的需要，大清铁路以及邮局的建立，古老的驿马传递的方式已经落后于时代的需要，因而邮驿全部裁撤。1935年，民信局彻底销声匿迹。

驿站种类

大清邮政

清朝光绪年间开始模仿西方建立邮政系统，初始建立了班邮路、船舶、火车邮路等，后来随着社会的发展，又建立了自行车邮路、航空邮路等。大清邮政的建立标志着中国开始与世界各国邮政平等交往（图8.3.3）。

民信局

明代永乐年间由宁波帮商人首创"民信局"。民信局是由私人经营的盈利机构，业务包括寄递信件、物品和经办汇兑。到了清同治、咸丰、光绪年间，全国大小民信局达数千家，机构遍布国内及华侨聚居的亚洲一些国家、澳大利亚和太平洋地区，形成内地信局、轮船信局和侨批局（福建话发音"信"为"批"，故侨批局也就是侨信局，专门为南洋侨民服务）。较大的民信局在商业中心上海设总店，各地设分店和代办店，各民信局之间还联营协作，构成了民间通信网（图8.3.4）。

八 韵·风——古韵犹存

图 8.3.3 最早的大清邮政

图 8.3.4 清末的民信局

合

  盂城驿虽历经沧桑，但古风犹存，许多专家学者称之为"稀世遗珍"。在国家邮电部、江苏省政府、省各级邮电、文化、城建部门和社会各界的大力支持下，高邮市人民政府始终坚持修复盂城驿，并在此基础上设立了中国唯一的邮驿博物馆。随着京杭大运河申遗的成功，盂城驿也被列为世界文化遗产。如今的盂城驿俨然成为了高邮，乃至中国邮政文化的明信片（图8.3.5）。

图 8.3.5　盂城驿

九 韵·技——运斤成风

9.1 灵心巧手

三把刀——黄庭坚"吾评扬州贡,此物真绝伦。"

起

"扬州三把刀"是以厨刀、修脚刀和剃头刀为代表的扬州饮食、沐浴和美发的技艺与文化的总称。"三把刀"的历史均"始于春秋",与扬州 2500 年的建城历史相一致。

1) **传承人**

扬州美发艺人尊罗道士为发祖。

2) **工具**

厨刀

扬州考古发掘出许多古炊器、食器,可证明扬州包括厨刀在内的众多炊器起始于新石器时代(图 9.1.1)。

修脚刀

扬州修脚刀有五种:口窄轻便的平刀(修刀、轻刀)、厚而坚的锛刀(枪刀)、嵌趾刀(条刀)、刀薄柄扁的铲刀(片刀)和刮刀。全套刀又分为大、小两套,大套 12 把,小套 6 把。刀型不同,用途各异,修脚师操刀上阵，或撕胼胝，或挖鸡眼，或修嵌甲残甲。由技而医，由技而艺，代代相传，极具功力（图9.1.2）。

剃头刀

扬州城郊西湖乡胡场战国墓出土的美发工具，佐证扬州剃头及工具的历史悠久绵长（图9.1.3）。

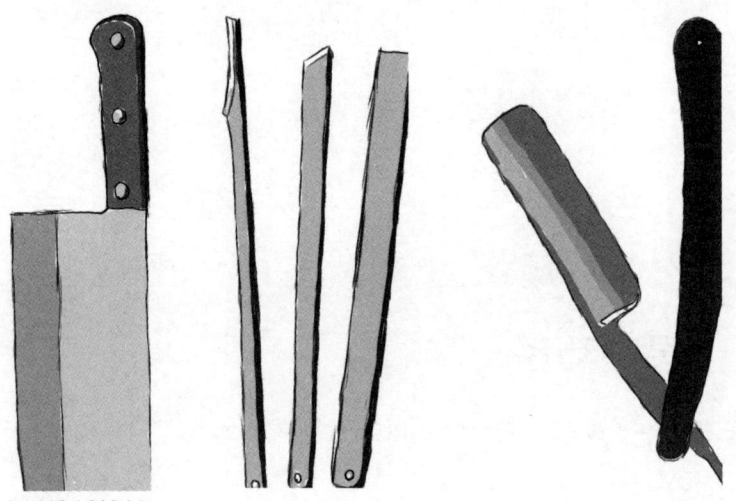

9.1.1 | 9.1.2 | 9.1.3

图 9.1.1　厨刀

图 9.1.2　修脚刀

图 9.1.3　剃头刀

3）场所

修脚和理发

从汉代开始，扬州沐浴风尚开始兴起。汉朝律法规定"吏五日一休沐""沐浴而朝，斋戒沐浴以祀上帝""以浴为礼，以浴为德"。在汉广陵王刘胥陵寝中，主墓室西厢第五进为洗浴间，内设完整无损的全套洗浴设施。

承

1）技艺

烹饪

汉代，扬州对于厨刀的运用已达到很高水平。吴王刘濞的文学侍

九 韵·技——运斤成风

从枚乘曾著《七发》，其文第二段是一份早期的"扬州菜单"，菜肴品种形态多样，足见扬州厨师对于厨刀技艺运用之高超。所运用厨刀制作的美食佳肴，为"天下之至美也"。

明代，"扬州饮食华奢，市肆百品，夸视江表"。可见扬州厨师对于厨刀的运用已经相当精湛。扬州腌鲫、醉蟹等组配合理，突出刀工，色、香、味、形俱佳，是这一时期扬州厨刀的代表作。

清代，在扬州盐业的经济推动下，扬菜进入鼎盛时期。康熙《扬州府志》载："涉江以北，宴会珍错之盛，扬州为最。"[1]

修脚

宋元时期，扬州的沐浴文化繁盛，已经有公共浴室出现。《东坡志林》记载了苏轼在淮南东路（治所在扬州）属下的泗州公共浴室沐浴时的体验。明清时期，扬州浴室已相当繁荣。清人黄鼎铭在《望江南百调》中赞美道："扬州好，沐浴有跟池。扶掖随身人作杖，摩挲遍体客忘疲。百茗沁心脾。"清人石成金在其《传家宝全集》中称："剃头、取耳、浴身、修脚，此乃人生四快事。"清代不仅男子沐浴时尚，女子沐浴也较风行。

理发

西汉时期，理发为封建统治者规范的重要礼仪之一。时任江都相的董仲舒，曾对扬城民众的发式提出明确要求。东汉许慎《说文解字》中特别提及"梳"字，定义为"理发"。隋唐至宋，扬州美发"以繁为美"，当时的大户人家都有专职梳头女佣，俗称"梳头妈子"，平常人家也善梳妆盘鬖。晚清诗人费轩的《扬州梦香词》称："扬州好，妆就下层楼。罗汉高鬙偏稳称，渔婆小勒最风流。哪道懒梳头？"明代，扬州美发实现了从梳理到剪发的质的飞跃。学美发必拜祖。这是全国迄今发现的唯一美发专业祖观，也是扬州为美发故乡的佐证。

清代，扬州籍罗姓道士在继承传统的基础上精心研制了剃头、刮

---

[1] 张厚宝. 立足传承积极创新进一步做大做响淮扬菜[J]. 扬州大学烹饪学报，2008(02)：1-4.

脸、洁耳、清眼的器具，并创造了通、篦、掏、解、顺等一整套养颜整容法传给弟子，标志着扬州美发趋向成熟。乾隆皇帝曾钦定扬州剃头刀为"御赐一品刀"，乾隆皇帝游历扬州六次，曾在此剃头理辫、修面、刮胡。

2）场所

修脚与理发

清代，"浴池之风，开于邵伯镇之郭堂。后徐凝门外之张堂效之，城内张氏复于兴教寺效其制以相竞尚，由是四城内外皆然。"所谓"张堂"，其老板叫张步瑞。澡堂起名为"不浕池"。此外，还有开明桥附近的"小蓬莱"，太平桥附近的"白玉池"，徐凝门附近的"陶堂"，广储门附近的"白沙泉"，北河下附近的"清缨泉"，东关附近的"广陵涛"。扬州城内多，城外也有。其中以坛巷附近的"殿堂"，北门街的"新丰泉"最为有名。

转

"扬州三把刀"根植于人民大众之中。千百年来，各自沿着不同的轨迹发展变化，最终整体形成融为一体的独特的传统文化。"扬州三把刀"因适应民众生存需求而产生，融入民风习俗而衍化，依伴社会进步而升华，追随科技发展而创新。

合

当代"扬州三把刀"，不仅器具更为纷繁，手法更为多样，技艺更为成熟，外延更为拓展，而且向产业化方向发展。

1）传承人

烹饪

薛泉生

江苏省级非物质文化遗产"扬州三把刀"（淮扬菜）传承人，淮扬菜烹饪大师。拜淮扬菜泰斗丁万谷为师傅，在扬州冶春园高级饭馆、扬州饭店、富春茶社、菜根香饭店任厨师。薛泉生在淮扬菜食品雕刻的观赏性和应用性上，取得了很大的成就。

陈恩德

淮扬菜烹饪大师。他1961年拜淮扬白案厨师黄忠林为师，曾在扬州共和春酒家、文园大酒店、扬州饭店工作过。对白案四大面团无不精通，尤擅长酥点。酥点讲究酥层和花式品种，陈大师能制作几十种酥点，且件件都是精品，造型大小一致，别致新颖，酥层清晰。

修脚

扬州现有陆琴、周业红等一大批足艺大师。

陆琴

陆琴为扬州著名修脚师钱老太爷第五代传人，以修脚圆、光、净、柔、轻、平著称，熟练掌握修脚技艺，堪称扬州从事修脚行业的第一位女工（图9.1.4）。

周业红

周业红与陆琴是师出同门的姊妹。1988年，周业红、陆琴等人打破女子不能学修脚的传统观念，成为扬州第一代女修脚工（图9.1.5）。

9.1.4 | 9.1.5

图9.1.4　陆琴
图9.1.5　周业红

理发

美发从理发发展到美容、美体、美甲，从理发店发展到美发美容会所。随着"美发"文化内涵的不断发掘和丰富，相关产业得到快速发展。如潘继凌、仇庆芳、高文国、仇玉泉等美发名家，为扬州美发发展鞠躬尽瘁，为扬州美发业抢得国内美发界的一席之地做出了不可磨灭的贡献。

潘继凌

美发高级技师，江苏省"三把刀"（美发师）技艺传承人（图9.1.6）。

仇庆芳

扬州剃刀的一代传人（图9.1.7）。

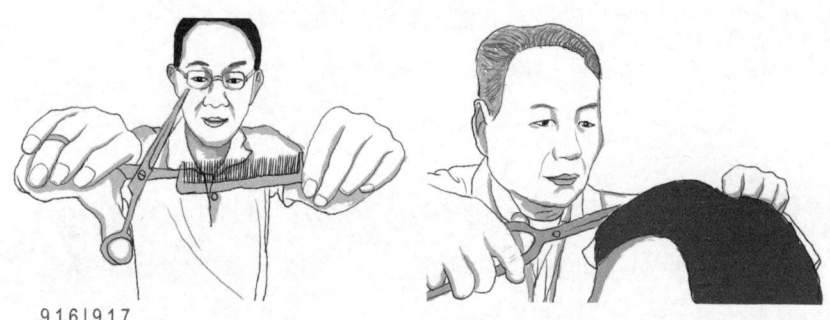

9.1.6 | 9.1.7

图9.1.6 潘继凌

图9.1.7 仇庆芳

2）技艺

烹饪

淮扬菜烹饪技艺以精工细作著称，案上功夫主要体现在严谨规范的刀功上。扬州厨刀工艺讲究，用起来得心应手。精湛的扬州厨刀功夫能将1.5厘米厚的豆制干片成24片，进而切成干丝，薄如纸，细如线，匀如发。扬州厨刀下的食雕更是"纤锋剖出玲珑雪，薄质雕成宛转丝"。花草、禽兽、风景、人物、典故，均精雕细刻得逼真生动，情趣盎然，不足盈尺的食盘中，个个都是凝固的画，咀嚼的诗。

修脚

修脚技艺是扬州沐浴文化最精湛的部分之一。扬州修脚由修、刮、捏组成。修脚术以刀为本，刀术内容丰富，手法多样，主要可归纳为八大刀法，即：锛法、断法、片法、劈法、整法、挖法、起法、撕法，它是由许多基本动作、操作方法和步骤综合而成。

刮脚

是在修脚的基础上发展起来的，适用于消除足癣引发的脚趾及趾间等部位的奇痒症状，同时还可以舒筋活血，起到治病和护理的双重作用。刮脚根据不同的症状使用不同的方法，分为上下、左右、兜圆、扼捏、弯趾挡刮等，还要根据脚气轻重分别采用重刮或轻刮。

捏脚

是刮脚的进一步加工和完善。捏脚是用指力、腕力通过毛巾着力于脚趾趾间、足掌，运用撩、捏、拖、挤、揉、排、抖、推等手法，达到去除趾间老皮、死皮，清理这些部位病菌的目的。捏脚还会使人体颈部以上的器官得到按摩刺激作用，对其反射区起保健作用，从而达到消除疲劳的效果[1]。

理发

扬州美发、美容包括理发、剃须、修眉、修面等。工具众多，运刀轻柔，刀法多变。扬州师傅的细腻、轻柔、绵酥的刀功让客人有鹅毛拂面，好似春风，舒服得神游九霄，不知身在何处。

3）场所

烹饪

饮食从菜肴、面点发展到冷热菜、宴席、食雕并举，从家厨、饮食店发展到美食城、宾馆美食。而驰名老店月明轩、扬州饭店、冶春茶社、富春茶社等也得到了延续和极大发展，富春、冶春更是享誉全国（图9.1.8、图9.1.9）。

9.1.8 | 9.1.9

图 9.1.8 富春茶社
图 9.1.9 冶春茶社

[1] 周业红. 扬州修脚史话 [N]. 扬州日报, 2017-08-15(B04).

修脚

沐浴从泡澡、搓背、修脚发展到足艺、足疗、按摩,从老浴室发展到足疗馆、沐浴城。许多扬州本土的沐浴、足疗品牌陆续发展,走向全国。一大批知名足艺大师带动了现代的修脚文化,使修脚成为了当代生活休闲放松的必不可少的项目。

理发

紫罗兰美发

一家名副其实的老理发店,和中国照相馆、谢馥春、亨得利钟表等百年老店在国庆路上有其重要的地位(图 9.1.10、图 9.1.11)。

图 9.1.10　紫罗兰理发厅橱窗

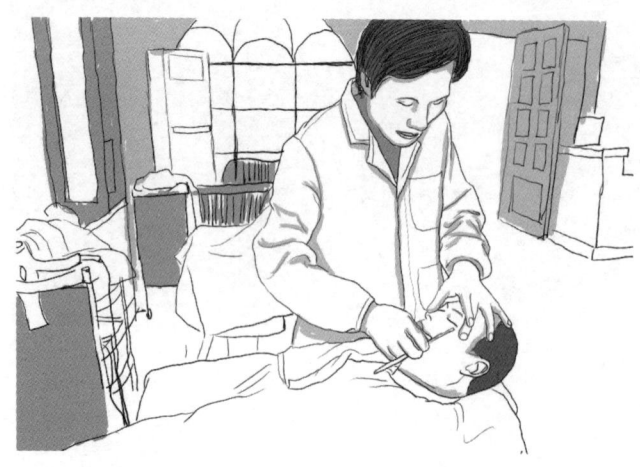

图 9.1.11　紫罗兰理发厅内部

9.2 薪草为席

朴席制作——厉以宁"传统工艺,推陈出新"。

起

朴席起源于唐代之前,已有1400多年历史。据《新唐书·志地理五》载,唐天宝元年(742年)扬州广陵郡土贡:金、银、殿额莞席(即今朴席)等,辖扬子(即今仪征)等县,其殿额莞席就是当时的扬子县所产。又据《隆庆仪真县志》载,唐代元和年间(806—820年)所产草席有"莞席细苎"美称,与扬州的铜镜、玉器等并为贡品。由此可见,朴席始产于唐代之前(图9.2.1、图9.2.2)。

9.2.1 | 9.2.2

图 9.2.1　朴席编制

图 9.2.2　朴席售卖

承

清朝年间,传说乾隆下江南,经朴树湾,住在湾子里的一座庙内,发现席子油光细滑,睡得很舒服,后此庙便更名为"隆觉寺",意即乾隆睡觉的寺庙,说明当时草席制作技艺又有了新的发展。清光绪年间至民国二十年以前,朴席畅销沿江及里下河、蚌埠、济南、武汉、天津、上海等地,年产近百万条,与苏州、宁波草席齐名,被誉为长江中下游地区三大名席。当时朴席曾经在巴拿马国际博览会上展览亮相，人们冠以"盛水不漏，站立不倒，二十年不坏"的美誉。[1]

1）技艺

从朴席制作的整个过程看，朴席非常讲究"均匀"二字，从选草、摇筋、扣筋、催楔、掌扣到烘排等每道工序，都将"均匀"二字贯穿其中，都有一套独树一帜的手工技艺，形成了集南北风格于一身，以"密实、精致、质朴、舒适、耐用"为主要特征的朴席风格，以此著称于世。

烘排技艺

朴席的独到工艺烘排技艺就源于清朝，使朴席质量由此有了进一步提高。烘排技术中烘的火候和时间非常重要，火大易烘焦，火小则推排不动，排席技艺的高低也直接影响到席子的质量。朴席之所以紧密厚实、平整光滑，与排席有直接关系。

2）场所

朴席与苏州、宁波草席齐名，被誉为长江中下游地区三大名席。各地销席商均亮出苏、宁、朴席之市招，以取信顾客。其时，在朴树湾比较大的席业商号有韦仁记、源盛祥、赵海记、复太祥、卞宏太、卞震太、林记等。稍次者有张聚兴、潘恒记、陈聚兴、严祥太等，共有40多家。

转

抗日战争时期，因为战争原因而导致材料、交通问题，朴席经营开始衰败。许多生产朴席的商号也纷纷减产或倒闭，朴席的年产量仅有40万条左右。抗战结束后，国内经济面临崩溃，朴席市场萧条，一蹶不振。朴席年产量最多也仅80万条，与兴盛时期相距甚远。

合

中华人民共和国成立后，党和政府非常重视朴席的传承与发展，

---

[1] 向家富. 千年朴席享誉天下[N]. 扬州晚报，2010-07-18.

组建织席生产合作社，组织1300多架织机和1500多人复兴朴席生产。朴席市场再度振兴，名声重振，毛主席也非常喜爱，周总理更是将朴席称赞为"王牌席"。

改革开放以后，朴席制作者们在传承的同时大胆创新，增加了电脑绣花、加塑边和布边等工艺，使织出来的草席更加美观。由于"色泽青润、紧密厚实、光滑舒适"，而畅销全国20多个省、市、自治区，并远销东南亚、西欧、北美以及澳洲等10多个国家和地区。

1）**传承人**

詹国胜

"朴席制作工艺"省级非物质文化遗产传承人、朴树湾草席专业合作社负责人（图9.2.3）。

2）**技艺**

在朴席制作中，选草要粗细均匀，摇筋要条干均匀，扣筋要松紧均匀，掌扣要疏密均匀，烘排要推排均匀等。所有这些独特而严谨的工序成就了朴席所特有的品质和知名度。在编织过程中选料考究、工序严谨、技艺独特，所织草席具有"色泽清润、紧密厚实、光滑舒适"的特点，以其"密实、精致、质朴、舒适、耐用"广为世人称道，享有"滴水不漏，站立不倒，二十年不坏"的美誉。朴席制作中，烘排技艺是全国独有的一道工序，是朴席的最大特色，而烘排技艺的熟练程度决定了席子质量的高低（图9.2.4）。

3）**产品**

当今，全国各地所织草席，技法不同，品种繁多，朴席与苏席、宁席齐名，并誉为长江中下游地区的三大名席，是因为朴席选料考究、工序严谨、织法独特。当前可以织出四尺四、四尺二、四尺、三尺八、三尺六、三尺二、三尺、二尺八、二尺六、二尺四、二尺二、二尺、一尺八、一尺六等14种规格的草席（图9.2.5）。

9.2.3 | 9.2.4

图 9.2.3　詹国胜

图 9.2.4　传统制席

图 9.2.5　朴席成品

4）场所

草席作为朴席的传统产业，已有 1400 多年的历史。如今的朴席镇，在保护传统产业的基础上，引导草席行业转型发展，以朴树湾草席专业合作社为依托，建成规模适中的草席生产基地，以推动朴席地区的草席生产。参与社员 318 名，带动 1500 户农民（图 9.2.6）。

九 韵·技——运斤成风

图 9.2.6 朴树湾草席专业合作社制席场所

附表　第一批扬州市非物质文化遗产名录

一、民间文学		
项目	地点	本书对应章节
扬州八怪传奇故事	扬州八怪纪念馆	
瘦西湖传说	扬州市瘦西湖风景管理处	8.1 二十四桥故事 8.2 五亭桥故事
南柯一梦传说	扬州市文化馆	
扬州琼花与琼花观传说	广陵区文化馆	
《二度梅》口头文学	仪征市真州镇文化站	
霸王城传说	仪征市真州镇文化站	
甘草山传说	仪征市真州镇文化站	
邗沟大王庙传说	维扬区城北乡文化站	
露筋娘娘传说	江都市邵伯镇文化站	
焦循传奇故事	邗江区方巷镇文化站	
甘泉山传说	邗江区甘泉镇文化站	
隋炀帝传说	邗江区槐泗镇文化站维扬区文化馆	
杜十娘传说	邗江区瓜洲镇文化站	
秦邮八景传说	高邮市博物馆	
卸甲民谣	高邮市卸甲镇文化站	
竹西谜语	扬州市民间文艺家协会	7.6 不言而喻
鉴真传说	扬州大明寺	
二、民间音乐		
邵伯锣鼓小牌子▲	江都市邵伯镇文化站	
邵伯秧号子▲（《拔根芦柴花》《撒趟子撂在外》等）	江都市邵伯镇文化站	
高邮民歌★	高邮市文化馆	
古琴艺术（广陵琴派）▲	扬州市史公祠纪念馆	2.1 余音袅袅
扬州民歌（《茉莉花》《杨柳青》等）	扬州市文化馆	
扬州道教音乐	扬州市文化馆	5.2 道骨仙风
曹甸十番锣鼓	宝应县曹甸镇文化站	
夏集车水号子	宝应县夏集镇文化站	
胥浦农歌	仪征市真州镇文化站	

附表　第一批扬州市非物质文化遗产名录

续表

项目	地点	本书对应章节
三、民间舞蹈		
傩舞（跳娘娘）	邗江区文化馆	
宝应河蚌舞	宝应县安宜镇文化站	
宝应三人花鼓	宝应县黄塍镇文化站	
黄塍跑马阵	宝应县黄塍镇文化站	
仪征跑驴舞	仪征市新集镇文化站	
月塘镗叉舞	仪征市月塘乡文化站	
武坚莲湘花鼓	江都市武坚镇文化站	
丁伙舞龙	江都市丁伙镇文化站	
四、传统戏剧		
扬剧★	扬州市扬剧团	5.3 曲尽其妙
木偶戏（扬州杖头木偶）▲	扬州市木偶剧团（卸甲布袋木偶）高邮市卸甲镇文化站	5.1 惟妙惟肖
扬州昆曲	扬州市扬剧团	
五、曲艺		
扬州评话★	扬州市曲艺团	
扬州清曲★	扬州清曲研究室	
扬州弹词▲	扬州市曲艺团	
扬州道情	扬州市扬剧团	5.2 道骨仙风
六、杂技与竞技		
临泽高跷	高邮市临泽镇文化站	
七、民间美术		
扬州玉雕★	扬州玉器厂	6.3 昆山片玉
扬州剪纸★	扬州工艺厂	6.1 跃然纸上
扬州灯彩▲	扬州工艺厂	
扬州刺绣▲	扬州绣品时装总厂	6.4 描龙刺凤
江都漆画▲	江都市工艺美术家协会	
扬州篆刻	扬州书法家协会	
扬州木雕	扬州漆器厂	
扬州竹刻	扬州八刻艺术研究会	6.5 精雕细刻
扬州牙刻	扬州工艺美术行业协会	
扬州瓷刻	扬州八刻艺术研究会	
扬州面塑	扬州市顺才食艺职业培训学校	
扬州叠石	扬州市个园管理处	1.1 园冶冶园
乱针绣	宝应县鲁垛镇文化站	6.4 描龙刺凤

续表

项目	地点	本书对应章节
扬州园林建筑艺术	扬州市古典园林建筑公司	1.1 园冶冶园
八、传统手工艺术		
雕版印刷技艺★	扬州市广陵古籍刻印社雕版印刷技艺（杭集扬帮）邗江古籍刻印社	2.2 银钩铁画
扬州漆器髹饰技艺★	扬州漆器厂	6.6 钿螺巧点
扬州通草花制作技艺▲	扬州市工艺美术行业协会	6.2 含苞欲放
扬州绒花制作技艺▲	扬州市工艺美术行业协会	
扬州富春茶点制作技艺▲	扬州富春社	3.2 圈皮包水
扬派盆景制作技艺▲	扬州市瘦西湖风景（扬派盆景博物馆）	1.2 宛若天成
江都传统金银饰品工艺▲	江都市工艺美术家协会	
淮扬菜制作技艺	扬州市烹饪协会扬州富春饮服集团有限公司菜根香饭店	3.1 淮扬名馔 9.1 灵心巧手
扬州修脚技艺	扬州市沐浴协会	7.7 围水包皮 9.1 灵心巧手
扬州理发技艺	扬州市美容美发与摄影协会	7.7 围水包皮 9.1 灵心巧手
谢馥春传统香粉经典制作技艺	扬州谢馥春化妆品有限公司	4.2 淡扫蛾眉
扬州酱菜制作技艺	扬州三和四美酱菜有限公司	3.3 咸甜适中
扬式糕点制作技艺	扬州五亭食品有限公司	3.2 圈皮包水
扬州炒饭制作技艺	扬州市烹饪协会	3.4 炊金馔玉
扬州面制作技艺	扬州宝宝熊饮食连锁管理有限公司	
秦邮董糖制作技艺	高邮市	
宝应捶藕和鹅毛雪片制作工艺	宝应县永佳食品有限公司	
扬州豆食品制作技艺（扬州干丝干、卜页）	扬州市维扬食品厂（界首茶干、陈西楼茶干） 高邮市界首陈西楼酱醋食品厂（安丰卜页） 宝应县安丰镇文化站	
黄珏老鹅制作技艺	邗江区鹅业协会	
宝应乔家酒酿造工艺	江苏五琼浆酒业有限公司	
扬州烧饼制作技艺（大仪草炉烧讲）	仪征市大仪镇文化站（陈集大椒盐）仪征市陈集镇文化站	

附表　第一批扬州市非物质文化遗产名录

续表

项目	地点	本书对应章节
扬州食品雕刻	扬州市顺才食艺职业培训学校	
扬州装裱技艺	扬州工艺厂	2.3 出画入画
史家香制作技艺	仪征市新集镇文化站	
新集水车制作技艺	仪征市新集镇文化站	
小官庄玻璃吹制技艺	扬州美瑞华工艺礼品有限公司	
杭集牙刷传统工艺	邗江区杭集镇文化站	
瓜洲铁锅制作技艺	邗江区瓜洲镇文化站	
扬州水笔制作技艺	江都市国画笔厂	2.4 妙笔生花
庄桥猪棕工艺	江都市郭村镇庄桥村民委员会	
活字印刷技艺	扬州市广陵古籍刻印社	
朴席制作技艺	仪征朴席镇文化站	9.2 薪草为席
九、传统医药		
牛角山张氏祖传中医术	仪征市新集镇文化站	
十、民俗		
扬州三把刀▲	扬州市烹饪协会、扬州市沐浴协会、扬州市美发美容与摄影协会	9.1 灵心巧手
冶春风情文化	扬州富春饮服集团有限公司冶春茶社	3.1 淮扬名馔 3.2 圈皮包水 9.1 灵心巧手
扬州船娘风情文化	扬州市瘦西湖风景区管理处	
观音山香会	维扬区文化馆	7.5 朝山进香
菱塘回族乡回回习俗	高邮市菱塘乡文化站	
送亲奶奶习俗	高邮市卸甲镇	
夏集东岳庙会	宝应县夏集镇文化站	
大仪炸牛习俗	仪征市大仪镇文化站	
扬州茶经	维扬区文化馆	
黄珏香火会	邗江区方巷镇文化站	
竹西传统文化	维扬区竹西公园	7.6 不言而喻
丁伙花草节	江都市丁伙镇文化站	
十一、其他		
扬州学派	扬州学派研究会	
清代扬州画派	扬州国画院	
注：标有★的为国家级项目 　　标有▲的为省级项目		

后记

2019年2月,中共中央办公厅、国务院办公厅印发《大运河文化保护传承利用规划纲要》中指出,打造大运河文化带,深入挖掘大运河丰富的历史文化资源,保护好、传承好、利用好大运河的宝贵遗产。大运河绵延千里,不仅是古代中国连接南北水路的大动脉,更是一条流动的文化之河。大运河滋养着扬州,培育了丰富的文化遗产,扬州成为首先制定非物质文化遗产保护条例的城市。随着城市的快速发展以及商业化的冲击,老扬州的城市记忆在人们的心中变得逐渐模糊。本书的编撰力求将这些流淌于时间长河中的文化珍宝采拾起来,让人们在历史泥沙的翻滚中见到那神奇的流光。希望本书能以自身绵薄之力,传播扬州文化,给我们的城市和生活增添更多的韵味。

在此,感谢中国建材工业出版社,感谢《筑苑》编委会的支持;感谢清华大学建筑学院单德启教授为本书作序;感谢陈思昊、李秋子、徐英豪等参与资料收集工作;感谢葛奇妍、胡冰蕊、汤琛瑜、陈永凯、丁束毅、刘雯斐、施瑶等参与图片收集;感谢马玲老师对插图绘制的认真负责。另外,本书的编纂以扬州公布的扬州市非物质文化遗产名录为基础,也参考了《扬州文化丛书》《扬州老行当》《图说扬州》《扬州非物质文化遗产》等前辈学人的研究成果,以及相关研究论文、期刊、网络资料等。封面图来自扬州博物馆里的《运河揽胜图》局部。另外,本书遗漏、错误和不妥之处还恳望专家同仁及广大读者指正,以便在今后的修订中予以更正。

本书为江苏省文物科研课题《大运河（江苏段）水文化遗产价值评估及梯度开发策略研究》(2018SK07)、扬州市重点研发计划《大运河扬州段现存体系遗产保护与利用研究》(YZ2016066)的成果之一，为扬州大学出版基金项目。

宋佳杰　陈　星

2019 年 8 月于扬州

北京中农富通城乡规划设计研究院
BEIJING ZHONGNONG FUTONG TOWN-COUNTRY PLANNING AND DESIGN INSTITUTE

  北京中农富通城乡规划设计研究院有限公司(简称:中农富通城乡规划院),依托中国科学院、中国社科院、中国农大、中国农科院、清华大学等科研院校专家,坚持"专注三农、服务城乡"的发展方向,以科技支撑为优势,以客户为中心、以奋斗者为本、持续创新、不懈努力,整合城市、乡村、农业、旅游、文化、生态、大数据、投资、运营等领域资源,竭诚为客户提供规划设计、产品定制、投资运营、数据信息、国际合作等一揽子、接地气的科技产品和专业服务。

  公司属于国家高新技术企业、中关村高新技术企业,具备规划设计甲乙级资质,通过了ISO9001质量管理认证,每年完成多项科技研发成果和实用专利,获得过多项国家级省部级规划设计奖项,设有西部院、东南院及办事处。

  新时代、新未来,企业将助力乡村振兴,推动城乡融合,建设美丽中国,不断创造人民向往的美好生活。

我们真诚期望与您分享品牌资源,助推城乡融合,实现乡村振兴!

考察公告

  为加强国际交流合作,助力乡村振兴战略落实,公司特推出"欧洲乡村小镇与现代农业高端商务考察",诚挚邀请各专家学者、行业领导参与交流!

河北秦皇岛青龙特色小镇概念设计

陕西秦都区华夏生态农业文化城规划设计

江苏淮安新农村

引黄入冀补淀工程（濮阳段）绿色产业示范带总体规划

新疆阜康国家农业公园、天池特色小镇总体规划设计

湖北黄冈陈策楼镇王家岗、李家湾美丽乡村规划

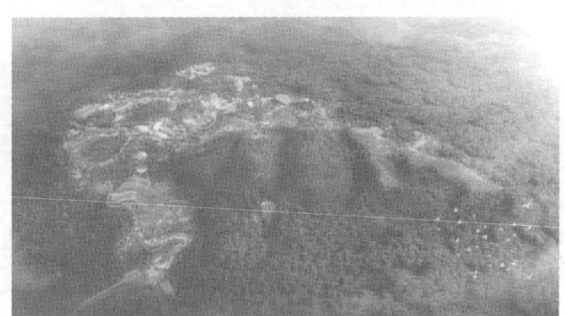
中国永宁山地农旅循环产业园详细规划

中国城乡规划网（官网）

美丽乡村规划 微信

地址：北京市海淀区学清路38号金码大厦B座15层 100083
电话：010-82838985 158 0152 1898
网址：www.countryplan.cn（城乡规划网）官网
　　　www.countrysideplan.com（美丽乡村规划网）
邮箱：cauplan@126.com

综合示范区详细规划

广西玉林市生态鹿塘美丽乡村规划设计

洛川苹果田园综合体规划设计

意匠轩

铸筑百年老字号　营造国际意匠轩

扬州意匠轩园林古建筑营造股份有限公司

传统建筑、生态园林、建筑遗产保护等工程的
策划、投资、设计、施工、研究、管理全产业链运营商

地址：扬州市文昌中路18号文昌国际大厦四楼　电话：0514-85559000
E-mail：yzyjx2008@163.com　　　　　　　　邮编：225003

杭州金星铜工程有限公司

  杭州金星铜工程有限公司系"中华老字号"企业，国家级非物质文化遗产传承基地，是中国规模最大的专业化铜工程省级高新技术企业、省铜建筑研究开发中心，率先在行业内通过国际ISO9001:2000质量体系认证，注册国家专利达65项，并获得浙江省"知识产权专利示范企业"称号，具有建筑装饰装修及设计二级资质，独家拥有一流的铜建筑技术和国内首家铜建筑企业标准。其创始人朱炳仁先生系国家工艺美术大师、国家非物质文化遗产传承人、朱府铜艺第四代传人，与其子朱军岷开辟了铜建筑先河。

  公司汲取5000多年的中华文化精华，集现代科技、民族文化、传统工艺于一体，在铜建筑艺术方面不断创新，并建立了有自主知识产权的创意、设计、生产制作紧密协作的质量体系，形成了以朱炳仁铜艺术为主的技术核心和品牌。应用现代科技成功建成了雷峰塔、峨眉金顶、杭州香积禅寺以及中台禅寺金愿铜桥等30多个获奖重点工程，承建/参建工程多次获建筑工程鲁班奖、全国建筑工程装饰奖、西湖杯优质工程、优秀建筑装饰工程奖等。历年来，多次被评为省先进建筑业企业、市先进建筑施工企业、建筑业先进企业、工艺美术突出贡献奖、信息化标杆企业，研发产品被认定为国家重点新产品，是浙江省建筑装饰行业百强之一。

公司名称：杭州金星铜工程有限公司
公司地址：浙江省杭州市余杭经济技术开发区兴中路518号
公司网址：www.cu100.com
联系电话：0571-85350012